常春藤传记馆

温儒敏／主编

U0838876

第一个伟大的爱国诗人

屈原传

张世磊　著

長春出版社
国家一级出版社
全国百佳图书出版单位

图书在版编目(CIP)数据

第一个伟大的爱国诗人：屈原传 / 张世磊著. —
长春：长春出版社, 2017.1
(常春藤传记馆 / 温儒敏主编)
ISBN 978-7-5445-4669-0

Ⅰ. ①第… Ⅱ. ①张… Ⅲ. ①屈原(约前 340-约前 278)-传记 Ⅳ. ①K825.6

中国版本图书馆 CIP 数据核字(2016)第 279476 号

第一个伟大的爱国诗人:屈原传

著　　者:张世磊
责任编辑:孙振波
封面设计:楠竹文化

出版发行:長春出版社　　总编室电话:0431-88563443
编辑室电话:0431-88546966　发行部电话:0431-88561180
地　　址:吉林省长春市建设街 1377 号
邮　　编:130061
网　　址:www.cccbs.net
制　　版:荣辉图文
印　　刷:长春第二新华印刷有限责任公司
经　　销:新华书店

开　　本:787 毫米×1092 毫米　1/32
字　　数:90 千字
印　　张:5.75
版　　次:2017 年 1 月第 1 版
印　　次:2017 年 1 月第 1 次印刷
定　　价:19.80 元

总　序

温儒敏

十多年前，我主持人民教育出版社高中语文教材的编写，其中选修课就专门设置有《中外传记选读》一种，我自己还动手编写了这本教材。因为受高考“指挥棒”影响，一般学校的选修课未必真能让学生自主选修，很多选修教材编出来都没有使用，但《中外传记选读》一直很受欢迎，每年都有重印。这让我对传记的阅读推广有了特别的关注。

我还注意到最近三四年高考语文试题命制的一种趋向，无论全国卷还是其他省市卷，阅读题往往都选传记作为材料。比如今年（2016年）全国卷的甲、乙、丙三个卷子，文言文阅读的材料全是传记，包括《明史·陈登云传》（甲卷）、《宋史·曾公亮传》（乙卷）和《明史·傅珪传》（丙卷）；现代文阅读的实用类文本也多用传记，节选了《吴文俊传》和《陈忠实传》。可见传记阅读越来越受到重视，考试也有意往这方面引导。

中小学语文教材也应当多选一些传记。现在

教育部正组织编写一套新的义务教育语文教科书，聘我担任总主编，这套新教材就选了不少名人传记，并鼓励学生多读传记。

为什么中小学生要多读传记？我曾在《中外传记选读》的前言中说过理由，这里不妨转述一下：

> 同学们都渴望能拥有健全、快乐和成功的人生，现在的学习阶段就在做准备，而且其本身就已经是你人生经历的一部分。我们该怎样设计自己的人生？当然最重要的还是学习。除了学习文化知识，还要从历史人物或者成功的人物身上学习宝贵的生活道理、人生哲学以及获取成功的途径。这就是励志教育，是人生教育中非常重要的部分。人都需要不断添加生活的动力，特别是在年轻的时候，要有偶像和楷模，有高远目标的激励。如同英国思想家培根所说过的：“用伟人的事迹激励我们，远胜一切的教育。”让同学们从那些杰出的成功的人物身上吸取人生的经验，从前人多种人生道路的选择中寻找我们各自的“契合点”，这就是我们设立这门课的主要目的。

这里说的“设立这门课的主要目的”，其实

也是我们推出这套“常春藤传记馆”丛书的目的。

“常春藤传记馆”丛书由北京大学语文教育研究所组织编写，长春出版社出版。全套丛书初步设定为100种，每本10万字左右，其选目、内容和写法都是为中小学生“量身定制”的。我们希望这套丛书能作为基本图书进入中小学图书馆。和其他同类传记图书相比，“常春藤传记馆”丛书有四个特色：

一是传主覆盖范围广。包括中外古今各个领域的名人，涉及政治、军事、科学、实业、社会活动、文学、艺术、革命等领域。重点考虑有代表性的、在精神层面可以给学生激励的那些名人。

二是和课程教学有呼应。中小学除了语文，各个学科的教材和教学都会涉及中外古今各个领域的著名人物，选择主题首先考虑这一情况，选取学生有所接触又可能希望进一步了解的那些名人。这可以满足学生不同的兴趣爱好。

三是专门为中小学生编写。本套传记不是专业性强的评传，而是重在勾勒传主生平事业贡献的小传，内容和文字力求深入浅出，生动形象，有趣有味。阅读对象接受水平可以定位在初中程度，也可以稍高一点。特别是有些理科方面的传记，主要面对高中生。其实，小学生的课外阅读也要取法乎上，他们可以读这套为中等文化水平的读者设计的书。

四是内容安排上特别注重励志及健全的人格心理引导培养，在叙说传主生平事迹时，适当地自然地凸显这些方面的思考。

丛书取名“常春藤传记馆”，有特别的含义。“常春藤”是一种多年生常绿藤类灌木。美国哈佛大学等几所著名的私立大学，组成体育联盟，叫“常春藤盟校”，其起名是因为这些老校的校舍墙上常攀缘有常春藤。本丛书以“常春藤传记馆”作为标识，是虚拟的意象，可以联想到著名的学府，也可以联想到古代的书院，从而营造浓郁的阅读氛围和宁静的心境。另外，“常春”和“长春”同音，暗含这套丛书是由长春出版社出版的。

但愿广大师生喜欢这套书，也期盼大家提出批评建议，共同来经营好这套书，让“常春藤传记馆”更好地满足广大读者，特别是中小学生课外阅读的需求，满足语文教学的需求。

2016年6月30日济南历下

（温儒敏，山东大学一级教授，北京大学中文系教授，教育部聘义务教育语文教科书总主编）

目录
contents

第一章
战国乱世 青年立志

屈原（前 342—前 283）[①]，战国时期楚国人，他生活的时代是战国中晚期。从朝代归属上说，战国属于东周，东周分春秋和战国两个阶段。一般认为春秋时期是从公元前 770 年到公元前 476 年；战国时期从公元前 475 年到公元前 221 年。战国时代是一个怎样的时代，屈原生活的楚国又

①有关屈原生卒年，限于文献的缺乏至今并没有一个统一认识。屈原生年之说与卒年之说，观点皆不下十种，一般以为屈原生于公元前 340 年，卒于公元前 278 年。本文采用汤炳正先生观点，将屈原生年定于公元前 342 年（见汤炳正《历史文物的新出土与屈原生年月日的再探讨》，《四川师院学报》1978 年第 4 期）。屈原卒年，本文采用姜亮夫先生观点，定于公元前 283 年前后（见姜亮夫《屈原事迹续考》，收于《楚辞学论文集》，上海古籍出版社 1984 年版）。

是一个怎样的国家，何以在礼文化的废墟上能够站立起像屈原这样的忠贞之士，谱写出千载华章，而为后人所铭记、敬仰呢？

动乱战国

战国是我国历史上最为动乱的时代之一。此时东周王朝因为自身的腐朽衰败，早已名存实亡，无力再控制诸侯国。各诸侯国因自身实力的强大，不再听从周天子的号令。魏国、秦国、楚国、齐国等大国都想着吞并其他侯国，统一称霸；小国如韩国、燕国、赵国则想着保全自身。在战国历史的舞台上，这些诸侯国代替周王朝成为那个时代的主角。

起初，诸侯国是在西周初期分封而来。西周取代商朝统一天下后，周武王、周成王等王相继分封诸侯，将功臣、王亲国戚、战败后的殷商贵族分封到各地做诸侯。如封姜太公尚到齐，封周公到鲁（周公未就国，他的儿子伯禽就国），封周武王之子唐叔虞到晋，封熊绎到丹阳，封殷商后人到宋，等等。这些诸侯世代享有他们的封国，实力不断增强。春秋中期以来，随着东周王朝势力的衰退，形成齐、晋、楚、秦、宋五国先后称霸的局面，那个时期，各诸侯国已经不再把周天子放在眼里了。

进入战国时期，强大起来的诸侯国开始做统一天下的梦，列国之间的兼并战争进一步加剧。各诸侯国为了获得自身的发展，大力招揽人才，那些自身拥有知识、策谋的士，在这一时期变得非常受欢迎。西周时期所倡导的礼乐文化在这一时期，被赤裸裸的利益权衡、诸侯国间频繁的战争彻底撕破。随着生产力的进步，社会经济的发展，这一时期社会性质也逐渐发生转变，各诸侯国由奴隶制社会相继向封建社会转变，诸侯国的格局比春秋时期也有了不小的变化。

晋国率先发生变动，公元前 403 年，晋国新兴封建势力魏、赵、韩三家将晋国一分为三，国君晋幽公成为傀儡，周天子被迫承认魏、赵、韩三家为诸侯，这就是历史上著名的“三家分晋”。

接着齐国也发生了变动，齐国本是姜太公的封国，但姜氏治理下的齐国到战国时早已衰败不堪。公元前 404 年，齐康公即位，他昏庸无能，贪恋酒色，荒废朝政。公元前 391 年，相国田和将其流放，然后把持了齐国政权。公元前 386 年，田和被周天子正式列为诸侯，姜氏齐国被田氏所

代，这即是历史上所谓的“田氏代齐”。

在经历了“三家分晋”与“田氏代齐”之后，战国实际上形成了秦、齐、楚、燕、赵、魏、韩七雄争霸的局面。

七雄之中，新兴封建地主阶级势力掌控下的魏国，为维护自己的政权，增强自身势力，率先进行变法革新。魏文侯是一位贤明的君主，他勤政思国，求贤若渴，拜孔子的弟子子夏为师，以李悝为相，身边聚集了像吴起、乐羊、西门豹这样的贤士。公元前 403 年前后，魏文侯任用李悝实施变法。变法得到了最高统治者的支持，所以魏国的变法很成功。经过变法，魏国的国力得到了很大提升，率先成为战国时期的强国。

当魏国强大之后，便想去实现那个统一天下的梦，于是发动了一系列对外战争，国土面积不断扩大。公元前 400 年，魏国联合韩国、赵国进攻楚国，一直打到楚国的乘丘。公元前 393 年，魏国攻打郑国，打到酸枣（今河南省新乡市东南 30 公里处），并且驻军在那里。公元前 391 年，魏国联合韩国、赵国再次征讨楚国，在大梁、榆关（今河南省开封至新郑一带）打败楚国。公元前 390 年，魏国在武成（今陕西省华县附近）战败秦军。这一系列的对外征战，一方面使魏国的土地面积大大增加，另一方面也树立起了大国的威望。

这时，其他诸侯国见魏国在变法之后，国家变得富强，国力得到提升，且拓展了自己的领土，于是纷纷效法进行变革。紧随其后变法的是楚国，楚国在楚悼王即位之后，受到北方魏、韩、赵等国的威胁，不断丧失自己的土地。大约在公元前 388 年至公元前 382 年期间，楚悼王以吴起为令尹，开始实施变法。

吴起本是卫国人，少年时代就熟读兵书，曾受业于孔子的弟子曾子。他是一位功名心非常强的人，从小就一心想着谋取功名，待从曾子那里完成自己的学业后，便卖掉家产开始周游列国。临出门的时候，他对母亲说，若做不到卿相，誓不再回卫国。不久之后，吴起的母亲去世，他甚至没有回家奔丧，讲礼义孝道的曾子因为看不过，便和他断绝了师生关系。吴起先是到了鲁国，后来听说魏文侯礼贤下士，就去了魏国。

魏文侯知道吴起有将才，就让他在魏国做将军。在魏国期间，吴起非常热爱他的士兵，常常穿着和士兵一样的衣服，吃着同士兵一样的饭

菜，每次行军他都和士兵一样步行，从不乘车骑马。有一次，一位士兵的腿上生了脓疮，他亲自为这位士兵吮吸脓液。吴起的举动让士兵们非常受感动，因而士兵们很愿意为他打仗。魏文侯见吴起这般爱戴士兵，平易近人，便任命他为西河长官，以抗拒西方的秦国。吴起做西河长官期间，在魏国树立了很高的威信，同时也遭到了其他士人的嫉恨。待魏武侯即位之后，不断有人诋毁吴起，吴起见状，也担心祸患上身，于是离开魏国去了楚国。

吴起来到楚国，楚悼王非常高兴，因为他日夜都想着能得到一位贤才，以扭转楚国的颓势。当时的楚国正面临着严重的内忧与外患，外患指北方三晋（韩、赵、魏）的崛起，时刻侵扰着楚国北方的边境；内忧主要是旧贵族势力过于强大、封君过多，他们生活奢侈，作风堕落，早已把楚国当年筚路蓝缕①、艰苦创业、积极进取的精神抛在了脑后。他们不但空耗着国家的财产，

①筚路蓝缕：筚，音 bì。筚路，即是柴车；蓝缕，破烂的衣服。楚国早期，国君熊绎艰苦创业画面的写照，后来亦代指艰苦创业。

而且还时刻威胁着楚王的权力，楚悼王的父亲楚声王相传就是被封君所养的死士暗杀，因而楚悼王迫切需要一场变革来扭转楚国不利的局面。

吴起因为经历了李悝在魏国的变法，所以对变法之事很熟悉，他也深知在那个战乱的时代，变法对于国家发展的重要意义。在楚悼王任命他为楚国令尹[①]后不久，吴起就开始准备变法革新的大事，吴起非常明白楚国的病症出在哪里，因而他将这次变法的矛头直接指向了楚国的旧贵族。

经过吴起变法，楚国的国家实力明显增强，并且向南征服百越地区，将领土扩充至苍梧（今属广西壮族自治区），向北侵吞陈国和蔡国，向西讨伐秦国，这时各诸侯国开始忧虑楚国的强大了。然而楚国毕竟是传统的诸侯国，虽然新兴地主阶层势力有所发展，君王也有变法革新的意志，但利益受到损害的旧贵族势力竭力阻挠变法的推进，对推行者吴起自然也是嫉恨在心。

公元前 381 年，楚悼王突然去世，吴起变法唯一的靠山倒了，吴起听闻后急忙从外地赶到郢

①令尹：楚国最高官位。

都。在楚悼王的葬礼上，他泪流满面。他清楚自己将会有怎样的结局。对吴起怀恨在心的旧贵族们，早就等待这一天了，在楚悼王的葬礼上，他们对吴起痛下杀手。吴起被乱箭射死，楚悼王的尸体上也布满了乱箭。旧贵族们个个露出了狰狞的笑容，却不知死神也正一步步向他们走来，他们犯了“丽兵”罪。《吕氏春秋·贵卒》载：“荆国之法，丽兵于王尸者尽加重罪，逮三族。”[①] 即楚国法律规定，将兵器加于君王尸体上者，一律处死，并罪及三族。当楚悼王的继承者楚肃王上位后，因“丽兵”王尸事件，诛杀旧贵族 70 余家。或许旧贵族们在将要被行刑的时刻才会明白，吴起何以要扑向楚王的尸体。

可惜的是，楚肃王并没有继续推行新法，楚国变法的脚步就这样停止了。吴起变法虽然取得了一定的效果，但因为没有得到持续的贯彻，所以并不彻底，很快楚国又面临来自西方秦国的威胁。

秦国也是传统诸侯国，春秋时期，秦穆公在

①［秦］吕不韦主编，高诱注：《吕氏春秋》，上海：上海古籍出版社，2014 年版，第 526 页。

位时（前 659—前 621），他们曾一度称霸，实力强劲。但之后他们逐渐陷入故步自封的境地，到战国初年，不论在政治制度上，还是在土地制度及商业制度上都落后于中原国家。而且秦国同样也因旧贵族势力的强大，影响着国家的发展，旧贵族们左右着朝政，使一些贤士很难有进入秦国的机会，因而秦国不断遭到别国的入侵，如魏文侯以吴起为西河郡守时，就曾多次侵占秦国的土地。

公元前 361 年，秦献公去世，他的儿子渠梁即位，即秦孝公。秦孝公是一位有作为的君主，刚即位就分析秦国的国势，指出昔日穆公时期的辉煌，以及当下秦国的衰败，并分析其中存在的原因。之后他发布招揽贤才的命令，公孙鞅（即商鞅）闻此诏令后，就从魏国来到了秦国。

秦孝公命公孙鞅进行变法后，秦国已经成为当时诸侯国中最为强大的国家，对东方诸国虎视眈眈。公元前 343 年，周天子赐予秦孝公霸主的称号，各诸侯国也纷纷前来道贺。公元前 340 年，公孙鞅率领大军再次攻打魏国，俘虏了魏国公子卬。此时的秦孝公可谓春风得意，他回顾了自己登基时的种种困境，而现在正享受凌驾于诸国之上的尊贵地位，他认为公孙鞅起了莫大的作用，于是封公孙鞅为列侯，食邑商，称商君，由此公孙鞅又称商鞅。

战国时期，除去魏国李悝的变法，楚国吴起的变法，秦国商鞅的变法之外，大约同一时期，齐国在齐威王时期（前 356—前 320）任用邹忌进行的变法；韩国在韩昭侯时期（前 358—前 333）任用申不害进行的变法。燕、赵等国也进行了不同程度的变革。这一时期变法的根本动因缘于生产力的发展与社会旧势力的矛盾，也是社会发展到一定程度的必然结果。各国的变法均使国家实力有所提升，经济、农业、军事、手工业都得到不同程度的进步。

战国中期以后，七雄争霸的格局已经变得比较明朗，实力强劲者有三家，东方的齐国，西方的秦国以及南方的楚国。其他较小的诸侯国已退出了争霸的行列，甚至沦为鱼肉。当时的形势用一句话来概括就是“横则秦帝，纵则楚王”，即是说如果采取“连横”策略，那么秦国将称帝统一；若采用“合纵”策略，楚国将统一称王。事实上“合纵”“连横”策略的发起者，正是战国中期以来各国变法中都普遍禁止的那些以口舌为生的游士、说[1]客。他们是战国中期以后迅速壮大起来的一个阶层，把握住了各诸侯国都渴望本国快速富国强兵、避危趋利的心理，以自己所学刑名法术、权策计谋游历各国。他们朝秦暮楚，居无定所，目的只在于一己的富贵，不讲任何礼义和仁德，并且合纵者与连横者经常相互诋毁、尔虞我诈，毫无诚信可言。因为这些说客有些主张合纵，有些主张连横，所以历史上也称他们为纵横家。早期纵横家的代表是苏秦、公孙衍和张仪，苏秦、公孙衍主张合纵，张仪则主张连横。

战国的历史到了这个阶段，可谓是秦国一家独大了，而屈原就是在这样一个大的时代背景下，带着中正、高洁及美政理想走上了他的仕途。但曾经强盛的楚国，又是怎样从问鼎中原一步步沦落到被人宰割的地步的呢?

楚国概况

屈原所在的楚国，是由一个非常古老的民族发展而来的。根据屈原在《离骚》中所说，楚国的远祖可追溯至颛顼，也就是黄帝的孙子，当然

①说，音 shuì。

这带有传说性质。最早有关楚国的历史记载，大约从他们的先祖季连开始，起初也生活在中原。季连出生在騩山①地区（今河南省嵩山附近），长大后随族人过着游牧生活，牲畜主要以羊为主，部族内非常重视羊，将羊视为图腾，以芈作为姓氏。后来季连与商王盘庚的女儿妣婎②结婚，于是季连就随妣婎住在楚京这个地方。之后季连的好几代后人都生活在这个地方。

商朝末年时，楚先祖鬻熊③依然在楚京这个地方居住着，当时鬻熊喜欢上一位名叫妣湛的女子，两人结了婚，并生了四个孩子。在最小的儿子熊丽出生时，妣湛难产，于是巫婆就用锋利的楚条作为手术刀，给她做了剖宫产，孩子虽然保住了，但妣湛死了。熊丽长大后做了芈姓氏族的首领，他认为自己的生命和楚条有很大的关系，因此称自己为楚人，从此整个芈姓氏族部落的人也都视自己为楚人。当时商纣王非常残暴，他溺爱妃子妲己，任用奸佞小人，使得一国上下怨声

①騩：音 guī。
②妣婎：音 bǐ huī。
③鬻：音 yù。

载道。周部族首领西伯侯姬昌正在图谋对抗殷商，鬻熊也非常反感商纣王，于是就帮着西伯侯姬昌共同对抗商纣王，最终在周武王时期打败了殷商，西周统一了天下。

周武王死后，儿子周成王即位，他分封文王、武王时期功臣的后代，鬻熊的重孙子熊绎获封于丹阳（今丹江口附近）。熊绎认为封给自己子爵，爵位有些低，而且封地丹阳靠近荆山，土地偏远荒蛮，于是很不服气。但不论怎样，毕竟拥有了正式的封地，熊绎到达丹阳后，与族人开垦土地，并在那里筑起了简单的宫室、庙宇。新的宫室、庙宇筑成后，他们要对天地、先祖举行祭祀活动，但是当时他们并没有什么祭品，于是就到不远的若地，偷了那里的一头小牛犊，为了不被人发现，他们悄悄地在晚上举行了祭祀。也正是从那时开始，楚人祭祀每每在晚上举行。

一次周成王召集诸侯盟会，也给楚国下了通知，熊绎接到消息后非常高兴，想着自己也能以诸侯的身份去西周盟会了。到了镐京后，熊绎将自己的衣着又重新换了一遍，并整理了一下发髻。当盟会仪式开始后，各国诸侯都入席了，熊绎却发现根本就没有自己的位置，不一会儿一位大臣过来找到了熊绎，让他去守门外的火炬，熊绎这才知道，原来是因为自己的爵位低，周王只拿自己当个蛮夷看待，根本没有资格入席。这再一次伤害了熊绎的自尊心，待会盟结束后，熊绎连夜赶回了丹阳。

回到丹阳的那天夜里，熊绎安静地躺在榻上，迟迟不能入睡，他想了很多，想自己蹲守火炬时的尴尬，想其他诸侯看自己时的眼神，这不但使自己受辱，也使整个楚国受辱。第二天他便召集臣民发表演说，熊绎首先提到了自己在西周会盟时遭受到的不公正待遇，指出其原因在于楚国势力弱小，兵力不强，国家不富足，且地处中原之南，因而被人看不起。并宣告说，即日起楚国上下一定要奋发图强，艰苦劳作，积极进取，以改变国家孱弱的现状，终究有一日要重返中原。

从此以后，楚人在熊绎的率领下筚路蓝缕，开启了艰苦创业的历程。也正是在这个时候，楚民族塑造了他们吃苦、耐劳、勇猛、坚毅的精神。因为整日劳作于荆山，所以世人也称他们为荆人。经过几十年的艰苦奋斗，楚国领土不断拓展，疆域向东、向南都有延展，国力提升得很快，已成为南方不可小觑的一支力量。到了熊绎的孙子熊黮[1]时，即西周昭王（约前995—前977）时期，楚国不再向周王朝进奉贡品，双方矛盾激化。周昭王先后三次派兵进攻楚国，但都不曾取得胜利，最后一次攻楚，周昭王亲自率军，结果也是溃败。周昭王在仓皇逃跑时，中计淹死在汉江中。

公元前741年熊通杀掉楚厉王的儿子自立为君，是为楚武王。楚武王是一位深谋远虑，并且奉行铁腕政策的政治家。他上位之后，为了能使楚国进一步向东、向北发展，决定迁都，新的都城因为面积较小，不能很好地容纳众人，楚武王就下令让人把都城旁边的疆涅这个小泽地用土填平了，这样都城的面积增加了很多，自此以后，楚国的都城便称为郢（涅）。

整顿好国都之后，楚武王开始施展他的野心。当时邓国在楚国的东部，楚国要想图谋东进必须要经过邓国，楚武王并不打算和邓国硬碰硬，于是采取联姻政策，他娶了当时邓国公族一位名叫邓曼的女子，楚邓之间的联姻，就等于邓国为楚国敞开了通向东方的大门。不久楚国军队

①黮：音dá。

向东北进攻南阳盆地的申、吕等国，但并不是很顺利，于是撤兵转而进攻江汉平原上的权国（今湖北省当阳市地区），灭掉权国后，将权国故地设置为县，这是我国历史上设立的第一个县。

楚武王是楚国历史上第一位称王的国君，他在位 51 年，东突西进，使楚国的疆域不断扩大，并且打通了向东、向北挺进中原的大门，在楚国发展史上具有里程碑式的意义。经过楚武王的奠基，楚国之后的发展可谓势如破竹，多少代楚人重回中原的梦想终于迎来了可以看得见的曙光，也为后来楚庄王问鼎中原打下了坚实的基础。

楚庄王名叫熊侣，是楚穆王的儿子，在即位之后的三年中，从不过问朝政之事，整日饮酒作乐，并且下令说，有谁胆敢进谏，格杀勿论。一天，楚庄王正与宫女们玩乐，大臣伍举进宫见他，伍举说道，我们南山的树上栖息着一只鸟，它三年不飞也不鸣，臣愚昧不知这是什么鸟，特地来请教大王。楚庄王非常明白伍举的意思，回答说，此鸟三年不飞，一飞冲天；三年不鸣，一鸣惊人。后来苏从也委婉地向楚庄王进了谏。

苏从进谏后，楚庄王认为时机成熟了，于是从声乐酒色中站起身来，走向理政的案几。楚庄王先是杀掉了数百位在这几年中试图谋反、作乱的人，同时提拔了一大批正直忠贞的人，而伍举和苏从则被赋予军政大权，此时楚国国内政治安定，人人顺服。之后楚庄王先是向庸国进发，一举灭掉了庸国，灭庸之后，楚庄王开始想着向北图霸中原了。

楚国经过泌之战打败晋国后，楚庄王当之无愧地成为春秋时代的霸主，几百年来楚人回归中原的梦想，渴望赢得尊重，摆脱蛮夷称谓的迫切要求，因他们的自强与持续不断的努力，在那一刻得到了实现和满足。当一个国家打天下的时候，他可能只是崇尚武力，崇尚民族坚强的意志，但当他发展到顶端，想着如何持守这种局面，如何治理天下的时候，礼乐文明无疑是最好的选择。当年楚庄王问鼎中原时，在同周朝大臣王孙满的交谈中，王孙满一句“在德不在鼎”，让楚庄王记在了心里。楚国成为最强大的国家后，他们渴望周王朝当年的礼乐文明，渴望以此来教化治理国家，先秦史料也能证明，在楚庄王称霸中原之后，楚国明显开始重视周礼。

古语说“盛极必衰”。在楚庄王这位强势君主的领导下，在楚国强盛国力的威慑下，其他诸侯国都不敢与楚国为敌，楚国因此也较少受到外力的威胁。在这种形势下，楚国贵族子弟逐渐养成了养尊处优的生活习惯，楚民族早期所形成的坚韧、刚毅、筚路蓝缕的进取精神，在他们的血液中渐渐消退。

公元前 591 年，一代雄主楚庄王去世，之后楚国果真再也没有一位雄才大略的君王能站出来。儿子楚共王政绩一般，孙子楚灵王、楚平王更是昏庸无道，他们没有治国之才，却养了一身的贵族毛病，享乐、爱听美言、任用嘴甜的小人，这不但使楚国得不到发展，而且使忠臣们无法立足，因而楚国大量的人才在这一时期外流，这也形成了历史上所谓的“楚才晋用”现象。楚灵王为享乐，私自建造劳民伤财的章华台，楚平王任用奸臣费无极，强娶自己的儿子太子建的媳妇为妻，听信谗言，杀害伍子胥的父亲及兄长，伍子胥因此逃亡吴国。这也为楚昭王时期，吴国大败楚国，攻陷楚都埋下了灾祸的种子。

楚昭王死后，历史的车轮不知不觉间就来到了战国时期，楚国虽然土地依然广袤，但永远失去了楚庄王时期的那股刚毅之气，那种令其他诸侯惧怕的威严。因为楚国旧贵族势力强大，封君过多，他们不劳而获，使人民的负担不断加重，也使得改革难以进行。楚悼王时期变法的失败就很好地说明了这些。随着秦国商鞅变法的顺利开展，国力增强，一统六国的气势逐渐显露，各国开始为抗秦做共同的努力。而屈原就处在这样一个大的历史浪潮中，生长在正处于衰落路途上的楚国。

立志为国

限于史料的缺乏，对于屈原幼年、少年的经历，以及他的家庭环境，婚姻情况，是否有子嗣等问题，当下已经不可能详细了解。当代学者根据他的伟大诗篇《离骚》中所写的“摄提贞于孟陬兮，惟庚寅吾以降”一句，推测出他的出生年月大约是在公元前 342 年的正月寅日，也就是古代干支纪年法所说的寅年、寅月、寅日。在我国先秦时期，通行一种星岁纪年法，太岁在寅时称摄提格，摄提即是寅年。楚国使用夏历，而夏历以正月为寅月，又称陬月，又因屈原自己说庚寅日吾以降，所以才说屈原是寅年寅月寅日出生。按照当时楚国人的习俗，凡是在寅年、寅月、寅日出生的男子，都是合乎天地之正的，具有先天的大美品格。屈原的父亲认为这是一个好的兆头，他寄希望于眼前的这个男婴将来能够重塑屈氏家族往日政治上的辉煌，于是就给他取了一个极其富有政治色彩的名字，名正则，字灵均。希望他今后坚持原则，坚持公平，在政治上能有一番作为。

春秋时期，楚武王把自己的儿子熊瑕分封到了屈这个地方，之后熊瑕以自己的封地为姓氏，因而又称屈瑕，从此屈氏这支楚国王族开始独立发展，屈原就是屈瑕的后人，所以从族源上说，他属于楚国王公贵族。整个春秋时期，屈氏历代都占据着楚国莫敖这一显耀官职，屈瑕是楚武王时期的莫敖，之后屈重也任莫敖。公元前 656 年齐桓公率诸侯之师攻伐楚国的时候，又是屈完不惧不畏，据理说退诸侯联合大军。之后屈氏的杰出人物还有屈御寇、屈荡、屈到、屈建、屈申、屈庐、屈固、屈匄等等，都在楚国身居要职。

但屈瑕毕竟是作为封君被封到屈地的，到战国中期，随着吴起在楚国的变法，旧贵族封君的特权被削弱，因为法令规定，封君三代之后就不得再享有世袭爵禄。虽然吴起的变法最终没有成功，但在一定程度上还是打击了封君贵族的势力，所以到屈原这一代时，屈姓已经很贫贱了。

所谓贫即是俸禄少，贱即是爵位低。这也就是说，屈氏要想在楚国再次重回昔日的显赫地位，那么屈氏子弟就必须付出更多的个人努力。

究竟屈原的故乡在哪里？现在也并不容易弄清楚，如果屈氏世代都居住在他们的封地，那么屈原的故乡一定会是在楚国都城郢地以外的地方；但是屈氏历代又都掌握国家重要职权，作为朝廷的官员，他们必定会生活在国都，则屈原又有生长在国都的可能，但关键是屈原祖辈、父辈是否是官员呢？从屈原自己的诗文“思君其莫我忠兮，忽忘身之贱贫”看，屈原说自己的身世贫贱，可知其父辈、祖辈应当不是多么大的官员，屈原的出身并不好。或者就是在楚悼王时期，吴起变法时将屈原的祖辈迁回其封地，屈原应该是在屈氏封国出生成长。如西汉东方朔所说“平生于国，长于原野”，即是说屈原出生在封国，成长在国都之外的乡野。所以屈原的童年、少年时代应该是在乡野中度过的。

因为屈原在寅年寅月寅日这样一个特殊的时辰出生，依照当时楚国习俗，这昭示着屈原今后必定会有一番大的作为，因此他的父亲非常注重对屈原的培养。在屈原很小的时候，父亲就教屈

原读书识字，《诗》《书》《春秋》《国语》及楚国史书等等都是屈原的必读书目，屈原从小就接受了很好的家庭教育，而且父亲时常会跟屈原讲起屈氏家族的历史，也正是从父亲的讲解中，屈原知道他们屈氏原来就是楚国的王族，并且早年世代担任莫敖这一官职，只是到近代才变得没落。屈原的父亲很希望屈原能有所作为，以光耀他们屈氏，因此每次给屈原讲完后，都不忘嘱咐屈原要用功读书学习。

屈原当然也很争气，他不仅非常聪明，而且爱动脑筋，对于父亲让他阅读的书目，不仅能够很快诵读掌握，而且还经常跑出去同族里的老者、巫师谈天，了解了许多关于祭祀、鬼神的故事。西汉史家司马迁在给屈原立传时就提到屈原“博闻强志”，即是说他学问涉猎广泛，并且有很强的记忆能力。

当屈原 15 岁的时候，他的父亲认为，家里的书已经不能满足屈原的学习要求了，于是决定送屈原到都城去，一方面可以让屈原接受更好的教育，另一方面还能增长他的见识。在父亲的带领下，屈原离开了家乡去了楚国都城——郢。屈氏本就是楚国王族，所以屈原很顺利地进入了贵族子弟学校，跟随三闾大夫等专职老师系统地学习礼、术、驭、射以及天文历法等知识技能。

一天，三闾大夫给他们讲授星象学的知识，屈原听得非常入迷，那时他终于明白了自己的生辰原来是那样可遇而不可求。因为按照星象文化，在摄提之岁出生的人，将来可是要做国家大臣的，从此屈原在学习上更加努力了。而在听完老师所讲的楚国历史后，屈原明白了，原来楚国先祖最初也生活在中原，原来颛顼帝是楚人的祖先，原来庄王时期楚国曾称霸过中原。那堂历史课上完后，屈原一面为往日楚国的辉煌感到兴奋，一面又为当下楚国的处境感到惋惜。那天夜里，屈原躺在床上一直在看窗外的星星，他回想起小时候父亲经常告诫他的话，“将来一定要光耀屈氏家族”，可是现在他想改变这个理想，“我一定要使楚民族再一次强盛”，屈原暗自对自己说。从此以后，身在郢都的他，除了学习之外，开始密切关注列国的时事政治。

在学校里待得久了，屈原和同学们很想去兰台之宫看看，听说那里有很多的文学之士，他们写出的文章篇篇精美绝伦，于是他们选择一个没有课业的下午去了兰台。也正是在兰台之宫，屈原接触到了另一位老师沈尹华。沈尹华曾是一位爱国的政治家，几年前他担任楚国莫敖，人们又称他为莫敖子华，他曾辅佐楚威王，教楚威王文武治国之道，并且试图引导楚威王变法改革，从严治国。在沈尹华的引导下，楚威王也非常喜欢以法制治理国家。所以在楚威王统治时期，虽没有大的发展，但也没有别的国家敢来侵犯，楚国度过了一段难得的祥和时期。但不久那些喜欢争权夺利、生活奢侈的旧贵族又开始作乱了，他们不希望被严格的法律制约，自己的俸禄被削减，因此密谋迫害莫敖子华。

于是以昭氂[1]为首的旧贵族买通了楚威王身边的侍者中谢，让他在楚威王面前诋毁莫敖子华。一天中谢对楚威王说："莫敖子华到处跟人说您是他的弟子，所以国都的人都在说原来我们的大王是莫敖子华的学生啊。"楚威王听后非常不高兴，因为君王往往刚愎自用，认为自己就是绝对的权威，哪里忍得了这样有损尊严的事情。为此疏远了莫敖子华，不再让他参与国家政治，莫敖子华由此被贬去了兰台之宫，指导文学写

---

①氂：音 lí。

作，如今已有四五年时间了。

在兰台之宫，其他同学纷纷游玩的时候，屈原却与沈尹华交谈甚欢，两人策论古今，批评人物，从楚国的历史谈到当下国际的局势，彼此都有种相见恨晚的感觉。沈尹华认为眼前的这位少年确实是一位有理想的可塑之才。最后两人又聊到了文学创作，沈尹华问屈原可曾写过诗文，屈原摇了摇头。沈尹华问屈原愿不愿意学习诗文写作，屈原很激动地表示愿意，于是沈尹华对屈原说：“有时间你可随时来这里，我教你！”屈原急忙叩首表示感谢。

在之后的日子里，屈原一有时间就会去兰台之宫找沈尹华，在沈尹华的指导下学习各种文体的写作。沈尹华告诉屈原，今后若想成为一名优秀的士大夫，辞令写作是必不可少的一项技能。写作不仅能够满足外交会盟、仪式礼节的需要，还可以抒发自己的情感。屈原认真听取沈尹华的教诲，加上他天资聪慧，文笔十分精妙，渐渐在兰台之宫取得了一些小的名气。

在屈原与沈尹华接触过程中，沈尹华除了教授屈原写作，也经常给屈原讲述楚国过往的历史，讲君臣之道义，讲礼法。屈原从沈尹华讲述

的楚国人物故事中，感慨楚国先王为发展楚国筚路蓝缕、艰苦创业的奋斗精神，感慨楚国先贤对于国家的忠诚，感慨楚国昔日的辉煌，因而更加坚定了今后从政为国的理想。

沈尹华清楚楚国的政治现状，有时也会向屈原讲述楚国社会存在的弊端，以及解决这种弊端应该采取的办法。那就是明确法制，剔除谗害忠臣的奸佞党羽，所以说变法改革对于楚国来讲是十分必要的。沈尹华还向屈原提及了吴起与商鞅，他们都是改革的先行者，是不畏惧旧势力的人。也正是因为商鞅改革的成功才使得秦国日益强大，成为楚国最大的威胁。屈原神情专注地倾听着，对此也很有共鸣。吴起变法与商鞅变法的事例，以及秦国日益侵伐、威胁楚国的事实，使屈原暗暗地下定决心，这一生要做好两件事：一是从政，改革楚国政治；二是绝不离开楚国，对抗强秦。屈原跟随沈尹华学习的这段时间，虽然零碎短暂，但影响是巨大的，为其以后从政打下了良好的基础。

结束自己的学业后，屈原不仅学到治理国家的策略，而且也学到了写作辞令的技能。不久屈原到楚国西部秭归进行锻炼、实践，这也是当时政策的需要，旧贵族子弟有支援、开发地方的义务。在秭归，屈原显现出优秀的政治才干，带领秭归人民垦荒修渠，明确法规制度，在屈原的带领下，秭归粮满民安。但这毕竟远远达不到屈原的理想，屈原的理想是让整个楚国恢复昔日的风采，甚至是统一整个中国。

公元前 323 年，20 岁的屈原在行过冠礼之后，回到了楚国都城郢都。那一年，楚怀王派大司马昭阳率领大军大败魏国，夺取了魏国的八座城池。楚国上下都非常兴奋，并且用这一事件来纪年，即凡是在这一年发生的事件，楚国的史书上都会记“大司马昭阳破魏之岁”。屈原回到郢都后，因为没有具体职务，就先去了兰台之宫，但就是在那里他见到了前去游玩的楚怀王。那时楚怀王刚即位不久，两个年轻人一见如故，故大谈政治，非常投机。屈原把他从沈尹华那里学到的法治思想，礼义之道向怀王讲述，而从小接受贵族礼法教育的楚怀王对此很能形成共鸣。楚怀王非常赏识屈原的才华，决定破格重用屈原，让屈原担任左徒一职（楚国地位很高的官职），年轻的屈原从此走到了楚国的权力中心，终于迎来了实现他忠贞报国的机会。

第二章
变法图强　教厉国邦

草宪变法

自从楚国大将昭阳大败魏国之后，楚国在列国中的声威有了很大的提升，楚国也因此成为当时国土面积最大的国家。当时主张合纵的战国策士公孙衍，在完成合纵联盟之后，推举楚怀王为约纵长。函谷关一战，约纵诸国各怀鬼胎打起自己的小算盘，对秦国的战争并无真心实意，采取不战而退的策略，溃败而归，这不仅使约纵各国的士气受挫，且进一步增长了秦国的嚣张气焰。

这时齐国孟尝君为合纵之事，再一次周游各国，他先是来到楚国。楚怀王接见了孟尝君，并且为维护自己约纵长的位置，许诺送给孟尝君一张象床。这时屈原站出来说，希望由他亲自为孟尝君送去，楚怀王答应了。退朝之后，屈原回到家中，对楚怀王许诺送给孟尝君象床的事感到不满，他之所以答应自己亲自为孟尝君送去，其实是为阻止此事。因为依据当时的国际形势，六国合纵是抵抗强秦的唯一办法，屈原希望孟尝君的五国之行，能够切实有利于加强合纵联盟。如果孟尝君接受了楚怀王如此贵重的礼物，那么他再去其他四国，各国也必然会效仿怀王拿出名贵的礼物相送，这样就必然会使孟尝君巩固合纵联盟之行变了味道，也必然不会树立起权威，这对于合纵联盟会非常不利。

为了能阻止送象床这件事，屈原想了个办法。他找到了孟尝君的随从公孙戌，屈原说："我是楚国左徒，是负责为孟尝君送象床的。象床十分名贵，价值万金，如若损伤哪怕是一点点，就算卖妻当子也赔不起啊，所以我真的不希望冒险去送象床。阁下如果能在孟尝君那里为我说话，取消送象床这件事，我愿将家中祖传宝剑赠予阁下。"公孙戌回答说："这个好办！"

于是公孙戌去见孟尝君，一见面便问道："先生您真的想接受楚王相赠的象床？"孟尝君说："当然。"公孙戌说："臣以为，先生最好还是不要接受。”孟尝君说：“为什么？”公孙戍说：“五国之所以相信先生，把相印给你，是听说先生在齐国能接济贫穷，亲和百姓，有大义在身。这次，五国国君把联络各国合纵之事交给先生，看重的正是先生的仁义与廉洁。现在你刚到楚国就要接受楚王这么贵重的礼物，那么其他各国怎么招待你呢？怎么想你呢？所以臣戍以为，为了名节与合纵之盟，先生还是不要接受象床为好。”孟尝君想了一会，认为公孙戍的话有些道理，便同意了。

公孙戍走后，就去见屈原了，屈原得知事情办成，连声称谢，并赠予公孙戍那把宝剑。第二天屈原进宫面见怀王，向他详细分析了当前的国际局势，说到合纵盟约的重要性，但又不可以完全依赖合纵之盟，因为各国的想法很难真正做到统一。楚怀王认同屈原的看法，大约就是在函谷关一战之后，他似乎也看清了那个时代的国际局势，每一个国家都争相自保，联合并不能够真正改变国家命运，只有自己强大才是国家生存的根本所在。况且楚国此时也真的需要一场变革来扫除不利的局面。于是楚怀王与屈原达成一致，决定任用屈原进行变法革新，以图改变楚国发展不利的现状，当时年仅 26 岁的屈原坚定地接受了楚怀王的任命。

那个时期的战国社会早已是礼崩乐坏，各诸侯国之间毫无道义、信用可言，有的只是赤裸裸的利害关系，而且兼并战争激烈。这个特殊的时代要求当时每一个国家都要讲究生产效率，要将国家的财富尽可能地用于军事军备建设，而不是被庞大的不劳而获的旧贵族消耗。不得不说，楚国当时的社会制度确实存在很严重的问题，若不进行改革，很难顺应那个时代的发展要求，很难自我保全。

屈原非常明白这些，他知道唯有变法，改变现状才能使楚国图生存。但他同样也明白变法革新势必要削弱旧贵族们的利益，而这样做当然就会危及他自身的安危甚至是生命。往昔楚悼王时的吴起，在变法过程中，因为打击旧贵族特权，在失掉楚悼王这个靠山后，被旧贵族乱箭射死；在秦国变法的商鞅，因变法触怒旧贵族，死后仍旧被五马分尸。这些离自己并不遥远的鲜活个例，如同振聋发聩的警钟，不断冲击着屈原的心灵防线，但屈原依旧坚定地执行楚怀王交给自己的任务，实施变法革新，因为这样做与他当初的理想一致，只有这样才能使楚国摆脱孱弱的现状。

由于史料的匮乏，我们对于屈原起草的法令，以及具体的变革措施，已经不可详知，但是从他的诗歌作品《九章》中，我们还是可以隐约看到当时变法的影子。屈原在《惜往日》诗中说：“惜往日之曾信兮，受命诏以昭时。奉先功以照下兮，明法度之嫌疑。国富强而法立兮，属贞臣而日娭。”① 明确讲述自己是受楚怀王之任命而进行变法革新的，在具体措施中他注重吸收采纳楚国先祖优秀的治国方法，重视人民，重视对贤臣才士的任用，任人唯贤，不任人唯亲，坚定实施依法治国，健全楚国的法律，使各种制度都能有明确的法律保障。从“国富强而法立，属贞臣而日娭”的结果来看，屈原的这次变法革新，应该取得了一定效果，楚国的很多事务都交给了屈原等忠贞的大臣处理，楚怀王自己则变得很轻松。由此可以肯定以民为本，任人唯贤，依法治国，应该是屈原变革的核心内容。

---

①洪兴祖：《楚辞补注》，北京：中华书局，1983 年版，第 150 页。

具体来说，在战国时代那种动乱的环境中，只有打击旧贵族势力，集中君王的权力，实施有效的官僚制度，任用有才干、有贤能的人，集中国家的财力、物力积极向外扩张，才是国家发展的正确方向。但是还有一个需要屈原考虑的问题就是权力都集中到楚怀王的手中以后，他会不会滥用权力，胡作非为。历史上独掌大权而胡作非为的君主不在少数，有的甚至断送了国家的命运，如夏桀、商纣、周幽王等等。为了避免集权后君王的胡作非为可能给国家带来的危害，屈原采用两种办法来解决：第一种是用法律来限制，君王要和普通百姓一样遵纪守法；第二种是“君无为而臣有为”，就是把日常政务交给忠诚的大臣来管理，君王尽可能少地参与政治管理，就是屈原自己所说的“属贞臣而日娭”。

楚怀王自己也被纳入法律的约束范围内，虽然他感觉有些不舒服，但为了楚国的强大与发展，却也并没有提出什么异议。变法实施后，显著的效果倒也令他很欣慰，楚国的国力有了进一步的增强，加上又和齐国联盟，西方的秦国虽然十分强大，但不敢轻易侵犯楚国，楚怀王因为有屈原等大臣管理着国家事务，一段时间内，过得非常悠闲，时常还可以到云梦泽打猎游玩。

但利益受到变法损害的旧贵族们个个对屈原心怀仇恨，他们一直设法阻止改革。一天楚怀王的夫人南后召见屈原，一见面便恭维屈原的学识、辞章，她希望屈原出任太子太傅，教育太子。屈原听后，非常明白南后的意思，如若他答应，那么改革之事就会停止，这也正是南后及其旧贵族的用意所在。屈原当面拒绝了南后，并说到当下楚国的现状，及面临的国际形势，改革是楚国唯一的出路，因此改革事重，便不能答应南后担任太子太傅。之后屈原便离开了，南后一看没有得逞，非常气愤，身旁的小臣也一脸的怨气。他们依然等待着时机迫害屈原。

遭谗被疏

公元前 314 年，楚怀王在位的第 15 年，这一年发生了一件令各国都非常震惊的事件。齐国在这一年攻破燕国，杀死了燕王哙和执政大臣子之。而燕国被灭国的原因在于燕王哙任用贤臣子之执政，从而引发了燕国内乱，给了齐国可乘之机。

燕王哙在燕国登基为王是在公元前 320 年，

即楚怀王九年。在他执政的第三年，任用子之为相，子之颇有才华，但他想窃夺燕国的政权。于是他与苏代密谋，让苏代去齐国侍奉在那里做人质的燕公子。这一年苏代从齐国回到燕国，燕王哙问他："齐王还好吧，他能够获取天下的霸权吗？"苏代回答说："挺好的，只是他称不了霸。"燕王说："这是为什么呢？"苏代说："因为他不相信他的大臣。"苏代这样回答是想以激将法让燕王哙重用子之。听到苏代这样说，燕王果真非常信任子之了。不久燕人鹿毛寿拜见燕王哙，说："大王不如将国家托付给子之。世人之所以称赞尧为圣君，是因为他将天下让给了许由，因此尧有了让天下于贤人的美名。许由没有接受，实际上并没有失去天下。如果大王把天下让给子之，子之必然不会接受，那么大王就会享有和尧一样的美名。"燕王哙居然听信，竟真的把国家托付给了子之，让他变革治理燕国，子之的地位此后变得非常尊贵。

这时又有人对燕王哙说："远古禹让国给伯益，却任用儿子启的臣子做官吏，等到大禹年迈时，又认为儿子启不足以担当治理天下的重任，就把君位传给了伯益。不久启就和他的党人攻打

伯益，夺了天下。于是世人都说，大禹名义上是把天下让给了伯益，实际上又让自己的儿子夺了回去。如今大王虽然把国家托付给了子之，但所使用的官吏没有一个不是太子的人，这正是名义上把国家托付给子之，实际上还是由太子操控啊。”听到这番话后，燕王哙便把享三百石以上的官吏的封印全部收了回来，交给了子之。子之从此名副其实地坐北向南，掌握了燕国的军政大权，燕王哙不再打理政务，反而做起了臣子。而失去王位的燕太子自然非常气愤。

为进一步增强燕国的实力，同时也为巩固自己的统治地位，子之决定在燕国推行变革。这时因失去王位本来就非常恼怒的燕太子及其党羽，因子之的改革，利益进一步遭到削弱。忍无可忍的燕太子，终于在公元前 314 年，即楚怀王十五年，联合将军市被攻打子之，燕国国内动乱，几个月没有平息。这给了齐国机会，齐国趁机攻入燕国，杀掉了燕王哙、子之，燕国遭到亡国之灾。

这件事情在诸侯国间影响很大，就事件本身来说子之的当政，是打破任人唯亲，打破“亲亲”“尊尊”的旧宗法血缘制度，本身是有一定的进步意义的。但那是战国，因为当时旧贵族势力依然强大，他们绝对不会允许将任人唯贤的精神推到如此的高度。如果说的好听一些，燕王哙与子之的死是先进改革者的悲剧，而事实上，燕王哙为追求圣王之名而让国，正中窃国者的圈套，本身又非常可笑。但不论如何，这件事成了楚国小人谗毁屈原的鲜活教材。

当楚国上下传遍燕国亡国消息的时候，楚国的旧贵族们认为，他们的机会来了。一天屈原正在拟定楚国宪法，楚国上官大夫来到他的官邸，他希望屈原在制定法律的时候适当照顾一下贵族们的利益，并想提前看一看屈原已经修订好了的法律条款。因为这涉及国家秘密，屈原当然不想让上官大夫提前看到，于是双方起了争执，上官大夫跳起来伸手抢夺屈原手中的法律文件，屈原则坚决不给，最后上官大夫气急败坏地离开了。

上官大夫从屈原那出来后，并没有回家，而是来到楚怀王的宫中，一见楚怀王就说道："大王，我想和你说一下屈原的事。"楚怀王说道："屈原怎么了？"上官大夫说："大王你让屈原修订宪法，咱们全国上下无人不知啊，我刚从屈原那回来，屈原很骄傲啊，他每拟好一条法令，就洋洋自得，并且给我说在咱们楚国，除了他再没人有这个才华来制定法令了，他这样说分明是不把大王放在眼里。现在大王你这么重用他，权力都放给他了，这不等于把大王你的权力架空了吗，屈原这么骄傲，不把任何人放在眼里，这对楚国很危险啊！大王您最近想必也听说了燕国的事，燕王哙把国家托付给了子之来治理，结果怎样，燕王哙死得多惨啊。现在大王你这样重用屈原，让他起草法令，进行变革，和燕王哙重用子之不是非常相似吗？我以为屈原这样向大王要权力，分明就是想篡取大王的王位，他根本就不是为楚国，而是为他自己。这是对大王不忠啊！”

上官大夫的这番荒谬言论正说中了楚怀王的痛处，君王都是权力欲望极强的人，他们的权威不容许有半点的威胁。楚怀王听到上官大夫的这番言论，又想到屈原还以法律来限制自己，便越想越不对劲。第二天，楚怀王召见屈原，不容辩说地免去了他左徒的职务，让他担任教育屈、昭、景三姓王族子弟的三闾大夫一职。屈原变法刚有起色就因此中断了，楚国失去了一个追赶秦国的绝佳机会。

离开王宫后的屈原，内心感到非常冤屈，眼泪情不自禁地流了下来。他万万没有想到自己一心为国，别无他念，竟被小人指为是想谋取王位，不忠于君王，不忠于国家。这种枉屈之情太大了，这时他突然想起了自己的老师莫敖子华，想起了他一心忠于君王却被小人谗害的事迹，没想到这种事情，这么快也落到了自己头上。他想找人倾诉，但思来想去能向谁诉说呢。夜晚来临了，夜空是那样的晴朗，星星一颗颗是那样的分明，可这夜空下的尘世却是那样的黑暗，分不清东西南北，分不清青红皂白。既然无人可以倾诉，不如赋诗来抒发自己的忧怀，来证明自己的清白。此时屈原开始写作《离骚》，但《离骚》没有写完，屈原因一些事情就搁置下来。然而没过多久，那种枉屈之情又不断地涌上心头，屈原想证明自己的忠心，想证明自己的无辜，于是他又创作了另外一首诗歌《惜诵》。在这首诗中，屈原这样写道：

惜诵以致愍兮，发愤以抒情[①]。
所作忠而言之兮，指苍天以为正。
令五帝以析中兮，戒六神与嚮服。

①愍：音 mǐn。

俾山川以备御兮，命咎繇使听直①。
竭忠诚以事君兮，反离群而赘肬②。
忘儇媚以背众兮，待明君其知之③。
言与行其可迹兮，情与貌其不变。
故相臣莫若君兮，所以证之不远。
吾谊先君而后身兮，羌众人之所仇。
专惟君而无他兮，又众兆之所雠④。
一心而不豫兮，羌不可保也。
疾亲君而无他兮，有招祸之道也。

思君其莫我忠兮，忽忘身之贱贫。
事君而不贰兮，迷不知宠之门。
忠何罪以遇罚兮，亦非余心之所志。
行不群以巅越兮，又兆众之所咍⑤。
纷逢尤以离谤兮，謇不可释。
情沈抑而不达兮，又蔽而莫之白。
心郁邑余侘傺兮，又莫察余之中情⑥。

---

①繇：音 yáo。
②赘：音 zhuì。肬：音 yóu。
③儇：音 xuān。
④雠：音 chóu。
⑤咍：音 hāi。
⑥侘傺：音 chà chì。

固烦言不可结诒兮，愿陈志而无路。
退静默而莫余知兮，进号呼又莫吾闻。
申侘傺之烦惑兮，中闷瞀之忳忳[①]。

昔余梦登天兮，魂中道而无杭。
吾使厉神占之兮，曰："有志极而无旁。"
"终危独以离异兮"，曰："君可思而不可恃。
故众口其铄金兮，初若是而逢殆。
惩于羹者而吹齑兮，何不变此志也[②]？
欲释阶而登天兮，犹有曩之态也[③]。
众骇遽以离心兮，又何以为此伴也[④]？
同极而异路兮，又何以为此援也？
晋申生之孝子兮，父信谗而不好。
行婞直而不豫兮，鲧功用而不就[⑤]。"

吾闻作忠以造怨兮，忽谓之过言。
九折臂而成医兮，吾至今而知其信然。

---

①瞀：音 mào。忳：音 tún。
②齑：音 jī。
③曩：音 nǎng。
④遽：音 jù。
⑤婞：音 xìng。鲧：音 gǔn。

矰弋机而在上兮，罻罗张而在下①。
设张辟以娱君兮，愿侧身而无所。
欲儃佪以干傺兮，恐重患而离尤②。
欲高飞而远集兮，君罔谓汝何之？
欲横奔而失路兮，坚志而不忍。
背膺牉以交痛兮，心郁结而纡轸③。
梼木兰以矫蕙兮，糳申椒以为粮④。
播江离与滋菊兮，愿春日以为糗芳⑤。
恐情质之不信兮，故重著以自明。
矫兹媚以私处兮，愿曾思而远身。

这首诗的意思是说：我对于自己遭遇忧患一事仍感痛惜，写下这些愤懑的文字以抒发我内心的幽情。我所说的全部都是忠诚之言，可以让公正的上天来给我作证。可令五方之神来判断，可使六宗之神来对证。让山川之神来做陪审啊，命咎繇作为大法官以裁定是非。

---

①矰弋：因 zēng yì。意为带绳线的箭。罻：音 wèi。罻罗即是捕鸟用的网箩。

②儃佪：音 chán huái。徘徊的意思。

③膺：音 yīng。牉：音 pàn。轸：音 zhěn。

④糳：音 zuò。

⑤糗：音 qiǔ。

我竭尽忠诚以侍奉君王，反而遭受疏远被视为多余。因自己不懂谄媚而与众人相背，我期待君王对此能够理解。我的一言一行都有迹可循，我的情志与外貌也不曾改变。自古以来没有比君王更能了解臣子，因此不久我的清白就会得到证明。我往往是先想着君王而后才考虑自己，结果遭到众人的嫉恨。我专心为君王做事，没有其他的杂念，这也被众人嫉恨。

一心一意地侍奉君王没有任何的犹豫，就是这样竟然也无法保全自己。我这样急切地侍奉君王并没有其他的想法，却成为遭逢祸患的原因。想一下有谁对君王比我更忠贞呢，忽然忘记了现在我身份贫贱。侍奉君王我从没有二心，但我真不知道获取君王宠爱的方法。我忠心耿耿犯了什么罪要遭到惩罚，这可不是我心中想要得到的。我的行为与流俗不合，显得颠蹶，这又被众人所嘲笑。频繁地遭逢忧患与诽谤，即使再善于言语也无法解释清楚。我内心的情感压抑而无法释怀，又受小人的阻碍，更加找不到表白陈述的途径。因此内心郁闷不断地彷徨徘徊，君王又不去察知我内心的赤诚之情。本来这些琐碎的语言是不宜向君王诉说的，但即使想向君王诉说，也已没有途径。如果我这样静悄悄地退隐，没有人会知道我，若是选择呼号，但又没人能够听得见。这让我感到彷徨而烦乱，因此内心烦闷而郁郁寡欢。

以前我曾梦见自己登上了天庭，我的灵魂行至半路却失去了方向。为此我让厉神帮忙占卜，占辞说：“你有中正之道，无任何偏颇之行。”“终究与众人异路，独自危险地过活。”他说：“君王可以思念但不可依仗。众人的惑言可以将金子熔化，你起初不过就是这样遭逢祸患的。那些曾经被热汤烫过嘴的人，再吃凉菜的时候也会吹一吹，你为何不去改变一下自己的志向呢。想要架置好梯子爬到天上去，这仍旧是以前的老想法。别人看见你这样的行为，都非常惊讶，因此与你离心异志，你又怎么能将他们作为自己的伙伴呢。同样都是为事君，但方法却大不相同，又怎么能以这些人为援手呢。晋国太子申生本是一位非常孝顺的人，他的父亲晋献公听信骊姬的谗言而认为他不好。鲧品行刚直而不迂就，因此治水还没完成就被杀害。”

我听说忠臣往往会遭逢幽怨，刚开始还不信。手臂多次骨折后，自己也已积累经验，可为良医，我到今天才知道确实是这样。那些小人将箭已经搭在了弓弩上，地上的罗网也已经张好。他们设计圈套来欺骗君王，想躲也躲不掉。我在那徘徊真想再一次进谏君王，只是担心遭逢忧患。我想要远走高飞去别的地方，君王到时候岂不会说你为何要走。我想要放足奔驰不管是否迷失道路，但坚定的志向信念使我不忍这样做。我的胸背好像被分开一样的疼，内心充满郁结而隐隐作痛。

我捣碎木兰的花，揉碎蕙草的叶子，又舂些申椒来作为我的粮食。我播种一些香草，栽培一些菊花，希望春天到来的时候这些都能成为我香喷喷的干粮。我唯恐自己的中情与品质不被君王认可，因此再一次申说来证明自己。我拥有这些美德并独自坚守，我经过多重思考后，希望自己能远离喧嚣保全自身节操。

在这首诗中，屈原一上来就明说自己的创作目的，因忠言进谏反而为自己招来祸患，内心因此非常的忧愁委屈，所以才会作诗来抒发这种不愉快的情感。为证明自己的忠诚，上官大夫所言为虚，屈原敢于让上天为自己作证，要知道在古代社会，只有心底真纯才敢于让上天为自己作

证，这其中来不得半点虚伪。诗中屈原甚至想象着安排一个由神灵组成的“法庭”来审理是非，而这些无非都是为证明自己的清白与忠诚。

因为没有机会再向君王申说自己的忠心与清白，屈原不知道将来和君王的关系会怎样，所以还想着求厉神为自己占上一卦，预判一下未来，结果不是很理想，因为总会不可避免地有小人存在。屈原想要直接找君王去说，害怕再次遭遇罪罚；想要一走了之，又不忍心。最后屈原想了想做个教育楚国子弟的老师也不错，至少能为国家培养些人才，这样他的内心才微微释然了一些。

教育国士

屈原被免去左徒的职务后，担任起负责教育楚国屈、昭、景三姓王族子弟的三闾大夫一职，不允许再参与朝政，所以很难再见到君王，从此远离了楚国的政治中心。虽然一开始心理上有许多的情绪和想法，但这些除了增加自己的愁绪之外，似乎也没有改变什么，最后屈原心想若能为楚国培养出更多的杰出人才，也不失为一种报国的手段。但对于上官大夫以不忠于君、不忠于国的名义加害于他，却仍旧使他耿耿于怀。

按照楚国的传统，贵族子弟的学习科目主要有《诗》《书》《礼》《乐》等等，这些科目与中原国家贵族子弟的教学科目已没有多少区别，当然除此之外，还包括楚国的历史。屈原对于教育贵族子弟这件事是熟悉的，因为他自己也是一步步从学生时代走过来的。而对于那些教学所用典籍书目，在他少年时期就已经读过，自己在郢都学习时，老师也曾用这些书上课，所以对此并不感到陌生。只是没想到，这么快自己也同样以这些中原经典书籍来教授贵族子弟，做起同样的事情来。

教学的日子里，屈原时常也会学着沈尹华的办法，讲一些励志的故事给孩子们听，也时常把楚国早期那段艰苦创业的苦难历史讲给学生，让他们明白国家的强盛是需要自力更生、艰苦奋斗的，需要国家上下团结一致。这样日复一日，看着这些贵族子弟们茁壮成长，屈原很是欣慰。

一年仲秋时节，屈原让学生们把书桌都搬到庭院中来，大家一起赏月。那天晚上月光很好，屈原与学生们一边赏月一边吃着糯米果，氛围十分融洽。这时庭院南面的橘树在微微秋风的吹拂下，随和地摇动着，枝头上即将成熟的橘子也在颤颤地微动，这一切在月光地笼罩下，显得十分温馨和谐。屈原认真地望着橘树，若有所思，不一会儿他站起身来走向橘树，用手摸了摸橘树的枝叶，然后转过身来，显得非常兴奋，说道："学生们，我要为你们赋诗一篇。"屈原为进一步鼓励他的学生树立坚定的理想，提高自身优秀品质，由此创作了《橘颂》，他想通过歌颂橘树之美，给学生们树立一个学习的榜样。而通过咏物为学生树立榜样，也是我国古代老师们常用的教育手法之一。

橘树是南方常见的一种果树，战国时期的楚国可谓橘树的故乡，楚国郢都周边就有很多。当年屈原在秭归时，那里也有非常多的橘树，那时的屈原对这种树木已怀有很深的感情。因为它们有芬芳洁白的花朵，碧绿青翠的叶子，文理分明的枝干，青黄杂糅在一起的圆圆的果实，更可贵的是它扎根生长在南方。橘树只有在南方才会结出甘甜的果实，如果移植到北方，虽然也能成活，但结出的果实又涩又苦，并且人们称之为枳，而不叫橘了。屈原认为橘树自身所具有的这些品质，是很值得人们去学习和效仿的，尤其是它只植根于南方的这一特性。所以屈原就想着通过赞美歌颂橘树，使贵族子弟去效仿它的品质。屈原这样写道：

后皇嘉树，橘徕服兮。
受命不迁，生南国兮。
深固难徙，更壹志兮。
绿叶素荣，纷其可喜兮。
曾枝剡棘，圆果抟兮①。
青黄杂糅，文章烂兮。
精色内白，类可任兮。
纷缊宜修，姱而不丑兮②。

嗟尔幼志，有以异兮。
独立不迁，岂不可喜兮。
深固难徙，廓其无求兮。
苏世独立，横而不流兮。
闭心自慎，不终失过兮。
秉德无私，参天地兮。
原岁并谢，与长友兮。
淑离不淫，梗其有理兮。

① 曾：音 céng。通“层”。剡棘：音 yǎn jí。意为尖刺。
② 姱：音 kuā。

年岁虽少，可师长兮。

行比伯夷，置以为像兮。

这首诗的意思是说：你这天地间大美的树儿，从萌生起就能适应自己生长的这块土地。你坚定不移地生长在南国，仿佛是领受了上天的命令。你深深地扎根南土，志向始终如一，从不改变。你那碧绿的叶子，洁白的花朵，是多么让人欢喜，令人欣慰。一层层的树枝之间，挂着一个个圆硕的果实。它们有黄色的、有青色的，青黄相间，色彩是那样的绚烂。果实表里精致纯洁，就像德行修养极高的君子。自身具备纷繁美好的品行，却还是喜欢不断改进自己，因而更加美丽而没有瑕疵。

你们从小就要表现出不同于一般的品行、志向。要敢于特立独行，不要随波逐流，这样做才会令人欣慰，才会得到世人的尊重。你们要小心谨慎的为人处世，这样自始至终就不会有什么过错。你们要秉德无私，以天地之大德作为自己为人行事的标准。我愿与你们结成永久的知己，即使到天荒地老。因为美好而不过分，有规矩有原则。你们现在虽然还很年轻，但却已经可以给别人做老师了。橘树的品行真的就像古代贤德之人伯夷，你们一定要将它当为自己的榜样啊！

这首诗的前半部分重在写实，写橘树自身的特征及其品质；后半部分则是借物象志、抒情，以橘树为榜样，提出对于青年贵族子弟的要求，当然也可以看作屈原对自我的要求。因为这首诗歌十分励志，而且楚国人大都非常喜爱橘树，所以屈原的这首《橘颂》影响很大，不仅当时贵族子弟们人人都会唱，后来就连郢都的普通百姓子弟也都能吟诵。

在屈原的这些学生当中有许多是非常优秀的，因为受屈原的影响，他们都能认清当时本国以及列国间的局势，期望扫除楚国旧制度，削弱旧势力，联合东方齐国以图发展。屈原看到他们意气风发、朝气蓬勃的样子，很欣慰。

但是后来，等到他们真正步入政坛后，在推进自己理想的过程中，还是受到旧贵族的打压，面对人生的不幸，他们有些人并没有像橘树那样“受命不迁”，而是改变了原初的志向，随波逐流，这让屈原非常痛心。屈原在其代表作《离骚》中也提到了学生们变节改志的现象，并分析了其中的原因。屈原认为这是学生不善于加强自我修养所致。在屈原的这些学生中，有几位是非常有名气的，如宋玉、景差等人。他们也都十分有才华，并且善于写作诗赋，但都因为君王的昏庸，始终不敢如屈原一样正道直行，最后沦落到只是侍奉君王赋赋诗、猜猜谜，终究没有在政治上做出什么贡献。

第三章
直谏被放　决然沉江

重回政坛

屈原在被贬为三闾大夫的这段时间，被排斥在楚国政治的边缘，参与不进来。屈原遭贬斥之后，楚国的旧贵族占据了朝廷的主流，为了自身的利益，他们个个都想着亲近虎狼一般的秦国，而这样做的结果只会使楚国加速灭亡。屈原一直主张联合东方的齐国，因为只有这样秦国才不会轻易进攻楚国，从而赢得发展自己的机会。

就在屈原被疏远的那年，楚怀王为了使燕国不被齐国所占，联合魏国进攻齐国，虽然最后没有得逞，但这对于合纵联盟来说无疑是非常不利的，对楚齐之间的关系也十分不利，这是秦国最想看到的局面。秦国这时为破坏东方六国的合纵盟约，派相国张仪四处游说。在战国那个动乱的年代，楚怀王显然没有做好应对这个时代的准备。

公元前313年，楚怀王十六年，齐国帮助楚国进攻秦国，夺取曲沃之地。秦国一看形势不妙，立刻派相国张仪前往楚国游说，志在破坏楚齐间的联盟。

张仪本是魏国人，早年跟随鬼谷子学习游说之术。学成之后，他最先来到楚国郢都寻求实现名利富贵的机会。当时他选择做了楚国令尹昭阳的门客，并且凭借其口舌成为昭阳的座上宾，眼看就要成功的他，却因为一件事情差点丢了性命。

一天昭阳召集自己的门客饮酒，张仪自然也在其中，大家边饮酒边畅谈，气氛十分愉快。宴饮过半，这时宾客们提出要昭阳拿出自己心爱的玉璧来欣赏，据说这块玉璧就是“和氏璧”。当年昭阳伐魏有功，是楚怀王赏赐给他的。当昭阳拿出这块玉璧时，大家瞠目结舌，无不称奇，就在众人纷纷赞赏玉璧之时，有人跑过来报告说，前方水潭中出现了大小各色的鱼儿在水面上飞跃的奇观，于是宾客争相过去观看。片刻之后，水面恢复了平静，宾客议论着归来入座，但那块玉璧却不见了。昭阳十分着急，命令宾客仔细搜寻，但最后仍旧没有找到，这时就有门客怀疑是被张仪偷了，因为他是魏国人，在外游学多年，早已身无分文，且张仪平日里油嘴滑舌，爱施小计。昭阳听后，命人将张仪擒住，但张仪拒不承认自己偷了玉璧，于是便打，张仪背上挨了几百竹板，但仍旧不承认。最后昭阳看着将死的张仪，只好作罢。张仪待伤稍微好转后，便离开了楚国，但因此也产生了对楚国的嫉恨。张仪回到魏国后，不久便去了秦国。

若从今天来看那段历史，楚国的灭亡，与张仪数次的奸计有着莫大的关系，可以说在外交政治上，他成了屈原最重要的敌人。

张仪这次来到楚国，一开始并不怎么顺利，楚怀王知道他是为秦国而来，并不想接见他。屈原听说张仪来到楚国的消息后，也十分担心。他非常清楚张仪此次到来的目的，也十分了解张仪的口舌之功，他担心怀王经不住张仪的游说。可是因为自己被大王疏远，也只能是担心而已。一天晚上，屈原怎么也睡不着，他一直担心楚王会被张仪说服，使楚国陷入被动的困境。第二天一早，屈原起床之后就去找陈轸了。见到陈轸后，屈原便把自己担心的事情说了出来，陈轸听后十分赞同，因为他们都太了解张仪了。临走的时候屈原再一次嘱托陈轸一定要劝谏大王不要接见张仪，即使接见也千万不可听信张仪的言辞。

但没几日，张仪略施小计，利用怀王的宠妃南后与郑袖，还是觅得了会面楚怀王的机会。那天张仪来朝廷见楚怀王，一见面就说道：“我们秦国国君最佩服的人就是大王您了，秦国最希望结盟的国家，就是楚国了。要说我们奏王最憎恨的，只有那齐国，现在我们大王想要讨伐齐国，可是又碍着大王您与齐国间的友好关系，很是为难，我们大王想要和您交好也很难做到。如今我们大王拿出了诚意，命我前来传达，如果大王您肯与齐国断绝关系，那么秦国就将商於之地六百里划归楚国。”

楚怀王一听，商於六百里土地，立刻心动了。商於之地自春秋以来，一直是楚国的土地，后来秦国经过公孙鞅变法强盛起来，进而侵占了商於之地，这不仅使楚国丧失土地，而且作为大国很没面子。秦孝公因公孙鞅变法有功，就将商於之地赐给了他，作了他的封地。从地理方位上看，商於是联通关中平原和江汉平原的战略要地，以至于收复商於之地成为几代楚国国君的梦想，而现在这个机会就摆在了楚怀王的面前。面对张仪开出的条件，楚怀王显得十分高兴，不假思索地答应了张仪，张仪见计谋已成，便退下了。

这时大部分朝臣纷纷向楚怀王表示祝贺，称赞楚怀王英明，不费一兵一卒就将战略重地商於收复回来。但陈轸站了出来，他失声痛哭，向楚怀王表示哀悼，楚怀王见状非常不高兴，大声呵斥道："陈轸，你这是干什么，别的臣子皆向我表示祝贺，你这般哭哭啼啼的是何道理?"陈轸说："我哭泣是因为我知道，大王不仅得不到商於之地，而且会失去齐国这个帮手，楚国灾难的日子快要到来了。"陈轸在楚国做客卿已经很长时间了，是一位有远见的人，楚怀王一听他这么说，也不能听而不闻，于是他让陈轸说说理由。

陈轸说："秦国现在之所以重视楚国，是因为我们与齐国有合纵盟约，一旦绝齐失去这个盟友，秦国还会害怕我们吗？所以在没有得到土地之前，万万不可与齐绝交。"楚怀王觉得陈轸分析得也有些道理，说道："寡人已经答应了张仪，恐怕不好反悔吧。"陈轸说："大王可以这样，我们口头上答应绝齐，暗中仍旧与齐保持友好，这时派一名将军前往秦国收地，若秦国真心送地，那时再与齐国绝交也不迟；若是秦国不给地，我们也不会有什么损失，还可以揭露张仪的阴谋。”这时旧贵族中的亲秦派却纷纷站出来指责陈轸的多虑，上官大夫说：“大王，这是楚国收回商於之地的绝佳时机，一旦我们犹豫而使秦国反悔，恐怕就再也没有这样的机会了，请大王三思。”楚怀王最后竟也认为是陈轸多虑了，他认为秦国不会言而无信。这时陈轸想要再一次进谏，刚要开口，却被楚怀王大声呵斥：“陈轸，不要破坏寡人的好事，你且看寡人是如何收地的吧。”楚怀王开始准备派使者出发，一路向东到齐国去断绝关系，一路向西到秦国去接收土地。

张仪从楚宫出来之后，并没有立刻返回秦国，他知道现在楚国虽然将力主联齐的大臣屈原疏远，但还有疏远淖滑和陈轸，这两位也是与屈原一样主张联齐抗秦的人。当天晚上，张仪拜见了楚大夫昭雎，张仪说：“我听说淖滑、陈轸等人平日里对先生多有冒犯，我这次带了一个很好的机会给先生，先生明日可向大王传达我的意思，如果大王肯驱逐淖滑与陈轸两人，我愿向秦王请愿归还楚国楚西之地。”昭雎答应了。而这件事也很快在朝野中传开，楚怀王很想得到楚西之地，但他也知道陈轸等人的巨大作用，为此有些犹豫。

屈原得知这件事后，很是担心，他害怕万一怀王答应张仪驱逐陈轸、淖滑，那么亲秦派将会在朝野中占据绝对的主动，楚国也就成了秦国的附庸。为此屈原找到淖滑，说道：“张仪的计谋我听说了，张仪这次到楚国，看来不仅是要断绝我们同齐国的邦交，还要驱逐我们的谋臣，你与陈轸，熟知当下国际形势，驱逐你们，楚国岂不将由秦国任意宰割。现在大王不允许我入宫，你应去面见大王，讲清事实真相，切莫中张仪奸计。”屈原走后，淖滑便去了宫中。最终楚怀王虽听取了淖滑的意见，不打算驱逐他与陈轸，只是他依然坚持绝齐换地。

当楚国收地的使者来到秦国后，张仪却假装摔伤了腿，避而不见楚国使者。时间就这样一天天地过去了，张仪始终不肯接见楚国收地使者，使者只好派人把这一情况告诉楚怀王。收地心切的楚怀王对此非但没有产生任何怀疑，反而认为向东绝齐的使者办事不力，于是又派了一位名叫宋遗的勇士前去绝齐。宋遗到了齐国，见到齐王便开口辱骂，齐王忍无可忍，一怒之下与楚绝交。很快这一消息在列国间传开了，自然也传到了张仪的耳朵里。

在装了近三个月病后，张仪接见了楚国收地使者，他指着案几上的地图对楚国使者说，从此地到此地六里，可归入你楚国了。楚使者一听是六里而不是六百里，当时大怒，他据理力争，可张仪说：“我与你们大王商定的就是六里，从来没说是六百里。”无奈之下楚国使者愤然离开秦国，张仪则露出了诡异的笑容。

很快收地使者回到了楚国，他将这件事如实向楚怀王禀告，怀王听闻后才知道自己中计，当即勃然大怒。堂堂一国之君竟被人如此玩弄，这要是在列国间传开，还不成为莫大的笑柄，楚怀王哪里受得了这个屈辱，他怒不可遏，甚至失去了理性。公元前 312 年，楚怀王下令出兵，由屈匄率领，大举进攻秦国，秦国则派左庶长魏章等率军迎战，双方在丹阳展开激战，未做充分准备而仓促出征的楚军大败。楚军死伤八万余人，大将屈匄、裨将逢侯丑等七十余人被秦国俘虏，秦国还趁机占据楚国汉中郡。

面对这样的溃败，楚国大臣都建议暂时向秦国求和，日后待恢复国力再做打算。楚怀王哪里还听得进去什么建议，他下令倾全国之兵再次进攻秦国，楚秦双方大战于蓝田。韩国和魏国这时听说楚国国内虚空，趁机发兵进攻楚国，毫无兵力抵抗的楚国随时有亡国的危险。在前线厮杀的楚军听到这个消息后急忙回援，才得以避免亡国之灾。楚怀王怨恨韩、魏乘人之危，于是派将军景翠围攻韩国，不料秦国派兵援韩，最终景翠无功而返。

经过丹阳、蓝田两次溃败，楚国元气大伤，国势萎靡，不仅失去了汉中土地，而且也失去了齐国这个盟友。楚怀王思绪混乱，茫然不知所措，整日郁郁寡欢，这时，他突然想起了屈原。无计可施的楚怀王坐在那里呆呆地回想过往发生的事，也在暗暗地自责，以前屈原主张联合齐国以抗衡暴秦，这是多么地正确啊，屈原怕我胡作非为，不理性，可不正是因为自己的不理性，才导致了丹阳、蓝田两战的溃败吗？楚怀王决定请屈原重新回归朝廷。公元前 311 年，屈原重新回到楚国政坛，并且当即向怀王重新讲述了一遍合纵对于楚国的重要性，而在合纵各国中齐国的实力最强，因而建议要紧密联系齐国，于是他被楚怀王委任为使者出使齐国。

屈原简单收拾些行装后，乘马车匆忙赶赴齐国。来到齐国后，屈原首先拜见了齐宣王，向他表明了楚国立场。屈原说：“西方秦国居高临下，虎视眈眈地望着东方诸国，楚国刚刚受到他的欺骗与侵伐，这是他们进攻东方六国的信号，下一个或许就是齐国。为改变这种不利局面，我们只有联合起来，共同抗秦才是出路，往昔孟尝君也曾做过这方面的努力。之前楚国不幸听信谗贼张仪之言，做了有损齐楚联盟的事，这是楚国的不对。我今天来，就是想同大王恢复并巩固我们之间的联盟关系，以防止秦国再次侵袭我们。”听屈原讲完之后，齐宣王点头表示赞同，于是双方恢复了邦交关系，并签订了盟约。

完成使命后，屈原感觉身上轻松了很多，他并没有立刻返回楚国，而是去拜访了位于齐国都城稷门附近的稷下学宫。稷下学宫是当时天下闻名的学术中心，集结了各门各派的学者，他们讨论天人关系，讨论朝代更迭，讨论自然地理等等。稷下学宫创始于齐威王时期，目的在于招揽人才，广开言路，集结天下的治国良策，服务于国家建设，当然也为当年“田氏代齐”制造舆论的合理性。齐威王为稷下的贤士设立有大夫的称号，久而久之，稷下聚集了一大批非常有才华的士人，最多时达数千人。屈原参观稷下学宫时，著名士人邹衍、淳于髡、田骈、环渊等都在，他们谈天说地，非常热闹。对于他们的讨论，屈原最感兴趣的还是天命与国家命运的关系以及天命与个体生命的关系，这之间究竟有没有联系，历代王朝更迭究竟有没有规律可循，为什么有的国家兴盛，有的国家就灭亡了，为什么国家在这一时期兴盛，而另一时期就衰败呢。在与稷下学者们的交流中，在听取他们纷纭的讨论中，屈原对这些问题的理解更加深刻了。

身在齐国的屈原苦苦思索着治理国家的良策，却不知楚国正再一次陷入危机之中。就在屈原出使齐国后不久，秦国就得到了他出使齐国的消息，秦王害怕楚齐再次联合，于是派使者来到了楚国。秦国使者带来的消息是秦王愿意将汉中郡的土地分一半给楚国，以重修两国之好。曾被张仪欺骗过的楚怀王此时余怒未消，他对秦国的使者说，不愿意要汉中之地，请先把张仪交出来。秦国的使者回国后，将楚怀王的这一意愿告诉了秦王及张仪。秦王说："楚王这么想得到你，可见对你的仇恨没消啊，若是你到楚国，必然会被杀害。"张仪说："我与楚国的大臣靳尚关系很好，而靳尚又非常得宠于楚王的妃子郑袖，楚王对郑袖言听计从，所以我并不怎么害怕。以前是我欺骗楚王，导致秦楚两国大战，今天如果我不出面来化解，恐怕楚国对秦国的恩怨还是得不到消解。再说有大王在，我谅他楚王也不敢杀我。"之后，张仪怀着复杂的心情，去了楚国。

张仪来到楚国后，楚怀王根本就不想见他，直接下令让人把他囚禁了起来，准备杀掉。一天，靳尚来狱中探望张仪，张仪欣喜万分，慌忙许诺给靳尚好处，让他在楚怀王面前替自己求情。于是靳尚为了自己的那点私利，很爽快地答应了张仪的请求，根本不去想自己的所作所为会给楚国带来怎样的后果。

靳尚来到宫中见到怀王，说道："大王囚拘张仪，准备杀掉他，似乎并不妥当。张仪是秦王身边的大红人，杀掉他肯定会激怒秦国，到时候秦国不但会攻打我们，其他各国见我们与秦国的关系不好，也一定会轻视我们，甚至也会攻打我们，臣以为，不如将张仪放回，与秦国订立盟约，还可以换回些土地。”靳尚讲完之后，楚怀王对此根本无动于衷。靳尚一看大王根本就不理他，便准备去找郑袖。郑袖是楚怀王十分宠爱的妃子，她傲慢无礼、心狠手辣，曾经用计陷害魏美人，致使其鼻梁被挖，手段之毒辣可见一斑。她因得楚怀王恩宠，因此说话得力，旧贵族们时常贿赂于她，时间久了便与旧贵族串通一气，是平日里旧贵族们所仰仗的靠山。

靳尚一见到郑袖便说：“夫人快被大王抛弃了？”郑袖感到莫名其妙，就让他详细说，靳尚说道：“秦王十分喜爱张仪，现在大王把他囚禁起来，要杀他，于是秦国就拿上庸六个县的土地，以及许多美女作为条件来交换张仪。大王看重土地，就会重视秦国来的美女，那夫人你肯定就得不到大王的宠爱了。夫人不如在大王面前替张仪求情，让大王把他放了。”

于是郑袖就跑到楚怀王那里整日哭闹，一连闹了好几天。郑袖说到道：“大王要杀张仪，秦王必然大怒而进攻我们楚国，我请求大王把我们母子流放到没有人的江南去吧，我愿意当囚徒，也不愿意当人家刀下的鱼肉。”楚怀王实在没有办法了，竟然准备放走张仪。那天他召见张仪，张仪见到怀王后，仍旧劝说他放弃联合齐国而与秦结盟，张仪说：“秦国与楚国山水相连，两国关系应该非常亲密才是。如果大王能听信我的话，放弃联合齐国，而与秦国和亲，我愿请秦国太子到楚国做人质，使秦女做大王杂役之妾，两国和亲，归还汉中之地，使两国百世不再相攻。”楚怀王半信半疑，有所顾忌，怕再被张仪欺骗，靳尚看出了怀王的心思，便走向前小声对怀王说：“臣愿意尾随张仪，一旦发现他有欺骗大王的事实，我便当即杀了张仪。”这样张仪便顺利地离开了楚国。

郢中有一位平日里与靳尚交恶的小臣听说靳尚会离开郢都，便在楚秦间的道路上设了埋伏，准备杀他。靳尚自离开郢都后，没多久便和张仪走到了一起，两人有说有笑，快到秦国边境的时候，接张仪的车马早已等在那里，张仪将准备好的珠宝给了靳尚，两人道了别，靳尚得意返回。当走到接近郢都的荒郊时，突然从路边蹿出两个人来，还没等靳尚回过神来，便命丧荒野。

说来也巧，就在怀王放走张仪后没多久，屈原出使齐国回来了，等屈原向楚怀王讲完顺利与齐国订立盟约的事后，楚怀王则向他说了放走张仪这件事，屈原听后非常痛惜，向怀王建议说道：“以前大王被张仪欺骗，致使楚国损兵折将，丧失土地。张仪一到，大王应该立刻烹杀张仪才对，不杀张仪那才是真正的后患啊！”本来楚怀王在放与不放张仪的问题上就有些犹豫，听屈原这么一说，楚怀王感到非常后悔，于是马上让人去追，但为时已晚。而张仪一回到秦国后，就使人立刻放出消息，说楚王已经背弃合纵的盟约与秦国和亲了，这使得屈原出使齐国刚刚获得的硕果化为乌有。

面对这样的局面，楚怀王只得寄希望张仪之言为真，于是他派昭雎前往秦国，目的在于让秦国履行张仪之言，归还汉中土地。还没等昭雎走到秦国，就听到了秦惠王去世的消息，张仪的诺言最终成了空头支票。秦武王即位之后，因为非常不喜欢张仪的为人，便将他赶出秦国。

两次放逐

屈原虽然又回到了楚国的政治中心，但还是要面对那些亲秦派的旧贵族，以及面对他们对自己的攻击、诋毁。楚怀王自从听信上官大夫的谗言后，对屈原似乎总有那么一点隔膜，而召屈原回朝，让他出使齐国更像是一种被逼无奈，不像是真正重新任用他。况且楚怀王在亲秦旧贵族们整日的聒噪下，尤其是在宠妃郑袖的惑言下，虽然一再遭到张仪的欺骗，但联合齐国的意志却一直不怎么坚定，屈原在朝中的位置显得很尴尬。有一天，上官大夫找到屈原，他希望屈原放弃联合齐国的主张，转而投靠他们，以便大家都能在朝为官，都能得到好处。对此屈原厉声反对，将上官大夫轰出了自己的官邸。公元前 309 年，听信上官大夫等人言论的楚怀王居然又想要和秦国联合了。

当时齐国的国君齐宣王想做约纵长，联合各国以讨伐秦国，当他听说楚怀王想亲秦的意愿后，非常气愤，于是亲自给楚怀王写了一封书信。信中说："我真怀疑楚国还是不是大国，大王您的称号还尊不尊贵。现在秦惠王死了，他的儿子秦武王即位，相国张仪又跑到了魏国，秦武王新任公孙衍、樗里疾为相，这本是我们讨伐秦国的绝佳良机，你不但不想着联合东方各国去讨伐秦国，反而还有意要亲近，这真是让人想不通。大王你不明白吗？樗里疾与韩国关系很好，公孙衍和魏国关系很好，韩国和魏国很容易倒向秦国，一旦大王你再亲近秦国，那么燕国和赵国必然害怕，也自然会跟着亲近秦国。四国若都亲近秦国，那么楚国也就相当于秦国的一个郡县了。大王为什么不和我一起协力拉拢韩、魏、燕、赵四国，重修我们的合纵联盟呢？这样秦国就不敢攻打我们当中的任何一个国家。到时候，大王凭借你广阔的土地，没有人敢不听从你的号令啊。你就可以率领咱们诸侯大军共同讨伐秦国，那时一定可以打败秦国。大王你可趁机夺下武关，以及蜀汉等地，占有吴国和越国的财富，土地一直延伸到长江、东海，向西逼近函谷关。那时楚国将比现在强大好几倍。况且大王您曾受欺于张仪，丧失汉中之地，军队在丹阳、蓝田接连受挫，天下没有不替您愤怒的。可是今天大王您竟然又想着去亲近秦国，希望大王好好想想吧。”

楚怀王因受旧贵族言论的影响，本想着商讨与秦国联合的事，在朝议进行的过程中，齐国使者就送来了齐宣王的这封书信，在看过这封信后，楚怀王又犹豫了，于是他向在朝的大臣们询问对策。那天屈原知道要商讨与秦国联合的事情，因为对这件事情非常反感，便称病没有去上

朝，当然他也就不知道齐宣王派人捎来书信的事。这时陈轸说："近来大王虽然从东边的越国得到一些土地，但这不足以雪耻。您不如联合齐国与韩国抬高樗里疾在秦国的地位，从背后支持韩国。秦国在宜阳打败了韩国，韩国却依然还要服侍秦国，是因为韩国先祖的墓地在平阳，而平阳距离秦国武遂只有几十里，为此韩国才惧怕秦国。如果大王您能支持韩国夺取武遂，那么韩国一定会感激我们楚国，樗里疾和韩国关系很好，他必然会在秦王面前说情，或许会把侵占我们的土地归还给我们。"楚怀王捋着胡须想了一会，认为陈轸的话有些道理，便不准备与秦国联合了，决定还是同齐国和韩国联合。

公元前 308 年秦国派大将甘茂率领大军再次进攻韩国，大军包围宜阳。楚国听到消息后，派大将景翠率军前去解救韩国，秦国惶恐起来，为使楚国能够退军，他们派冯章谎称割让土地给楚国，让景翠撤军。多次受到秦国欺骗的楚国竟又信以为真了，于是景翠命令军队停止前进。甘茂趁机攻下宜阳，韩国又不得不倒向秦国一边，刚刚修复好的合纵联盟很快便遭到破坏。客观上说，这一次主要的原因在于楚国为图私利而对韩国救援不坚定。

但楚国并不这样想，他们反而认为是韩国立场不坚定，率先倒向秦国。于是，公元前 307 年，楚国围攻韩国雍氏之地，时间长达五个月之久，韩国不得已，派人向秦国求救，秦国最终出兵救韩。秦国大军浩浩荡荡地出殽山、函谷关，楚军见状就撤军了。至此，合纵联盟非但没有再次建立起来，还致使韩国倒向了秦国。

楚国当初之所以接受齐宣王的建议，再次组成合纵集团，原本是希望能得到韩国的支持，让与韩国关系要好的樗里疾在秦王那说些好话，以退还给自己一些土地。以现在的局势看，这似乎已经是不可能的了，韩国已经倒向秦国。这时，楚怀王对于合纵还是亲秦又开始动摇了。

公元前 307 年，秦武王去世。秦武王天生神力，喜欢和人比试力量，更喜欢扛鼎。最大的愿望就是能见到象征天子权力的周王朝九鼎。为此他发兵进攻东周洛阳，孱弱的东周王朝哪里还有什么抵抗能力，为避免冲突，周赧王①派人到郊外迎接秦国军队，秦国大军轻轻松松进入洛阳。

① 赧：音 nǎn。

秦武王则径直奔向周王室太庙，见到九鼎，欣喜不已，于是上前卷紧衣服力争一试。九鼎个个硕大，秦武王牙关紧咬，双臂肌肉紧绷成条状，青筋凸起，一只硕大的鼎缓缓被他举过头顶。秦武王虽天生神力，但大鼎压身，乃显体力不足，颤颤巍巍，突然左腿胫骨断裂，秦武王单膝跪地推开大鼎，当即口流鲜血，不久便死去了，年仅 23 岁，在位四年。

公元前 306 年，秦昭王即位。秦昭王是秦武王的同父异母兄弟，昭王的母亲是楚国人，后来称为秦宣太后，随着秦昭王的即位，秦宣太后在秦国的地位迅速上升。秦国政局的这种变化，很快传到了楚国朝廷，亲秦派听到这个消息，更加活跃起来。楚怀王也非常高兴，他认为依靠秦国当权派，汉中之地归期可待。这时秦宣太后派自己的亲信来到楚国，向楚国表达亲和之意，此举进一步加强了楚国上下的亲秦主张。

楚怀王二十四年，即公元前 305 年，秦国朝廷发生了动荡，秦武王时期的一批将军、大臣发动政变，但很快就被秦昭王平息了。内乱虽然被平息，但秦昭王意识到秦国国内并不安定，如果此时外军来犯，是很容易亡国的，他首先想到了楚国。为防范外患，秦昭王派使者前往楚国，以土地和财礼作为条件，希望与楚国和亲，并为楚怀王献上一名美人做妾。原本就对亲秦产生幻想的楚怀王，听到秦国要奉送如此厚重的财礼后，不假思索地选择了与秦国走到一起，彻底背叛了与齐国之间的约定。朝廷中，亲秦派的旧贵族们见状，纷纷向楚怀王表示祝贺，喜笑颜开。

这时屈原见楚怀王如此倾心秦国，立即站了出来，他据理力谏，指出秦国的虎狼本性，说道："秦王当下之所以对楚国这么好，是因为昭王刚刚即位，秦国朝廷动荡，他根基不稳，这只是他的缓冲之计。近些年来，秦国一而再再而三地使用卑鄙的计谋，哪一次是真正诚心与我们结好，无不是他们实施自己侵伐计划的伎俩手段。我们已经多次受欺于秦国，难道今天还要再一次重蹈覆辙吗？秦国今日之所以能给大王送上土地，是因为我们与齐国结有盟约，一旦大王您绝齐亲秦，待秦国新王根基稳固，必定会再伐楚国，夺回土地。"屈原又走到秦国使者面前，厉声呵斥：请回去转告你们大王，楚国绝不会接受他的土地、财礼，更不会与齐国绝交。此时楚怀王哪里还听进去这些，指着屈原说道："屈原，

你好大胆!”站在一边的旧贵族臣僚添油加醋，趁机诋毁屈原，是非不分、黑白不明的楚怀王将屈原放逐汉北。

拳拳忠心不被理解，反倒遭君王嫌弃；旧势力和小人个个为一己之利益考虑，从不替国家考虑，反而受到君王的任用。君王愿意听信他们的荒唐之言，却不愿意听忠贞之言，屈原怎么也想不明白。以前被楚怀王疏远，因为未曾离开郢都，这种郁闷、痛惜的感觉还不是那么强烈。现在被放逐汉北，与自己希望带领楚国重回巅峰，甚至一统中原的理想越来越远了，屈原这次真的愤怒了，他十分痛恨那些谗佞的小人。回到寓所后，将之前搁置未完成的《离骚》一口气写完了。

第二天一早，屈原就在屋子里收拾行囊，他装了些银钱、衣服、毛笔、砚台以及简册，准备远走汉北，这时女媭走了进来。女媭是郢都的女巫，与屈原交情很好，女媭劝说他：“屈原你这是何苦呢，你没看到现在楚国的形势吗，大王只喜欢恭维之语，大臣们结党营私，各自为己。只有你却在坚持正直，坚持忠贞之道，你这样做只会使自己受到排挤，受到大王的厌倦。你不如适当改变一下自己，与那些大臣打成一片，在同大王说些软话，不至于去那荒凉的汉北吧。”屈原听完女婴的话后，只是摇了摇头，说：“多谢女婴好意，只是这并非屈原的秉性，我愿意前去汉北，也不想与这等党臣为伍。”女婴见劝不动屈原，就告别离开了，屈原系好了包袱，由一名仆人伴随就上路了。

屈原走出郢都北门后，就一路向东，走在路上，屈原每见到一位楚国人都有一种说不出的哀婉和忧伤。走了两天的路程，屈原来到了汉江江畔，赫然出现在眼前的这条宽阔的江水，使他郁闷的内心平静了很多。他们下到渡口，让船夫摆他们渡过江去。来到汉江的东岸后，屈原便沿着汉江一路向北走去，他走得很慢，心中还是希望楚王能够回心转意将他召回郢都。时不时地回头望望身后，但能看见的也仅是自己的脚印和那瑟瑟的风。

就这样断断续续地走了几个月后，屈原来到了楚国的故都，位于汉江东岸的楚昭王时期的鄀郢。这个昔日的楚国故都，如今依然还有许多百姓生活在这里，但故城略显萧条，甚至有些残破，屈原目睹这一切，内心有一种说不出的悲凉。城中央那高大的楚先祖庙宇虽历经近两百年的风雨，仍赫然挺立，外表虽然已经没有了往昔的光泽，但至少证明这里曾经辉煌过。

屈原缓缓地向这座巍峨又沧桑的庙宇走去，既然在都郢没有认识的人，没有歇脚的地方，在这先王的庙宇借宿，也是不错的选择。屈原与仆人走了过去，推开了厚厚的木门。庙宇里面没有先祖牌位，没有塑像，但空着的案几，依然能证明这里曾经供奉过先祖的神像。当然屈原顾不得这些了，他被庙宇墙壁上的壁画深深吸引了，这些壁画正是当年楚昭王时期，楚国在遭吴国攻陷都城后，楚昭王迁都到此，为激励自己、警诫自己复兴楚国，命画工在刚建立起来的先王庙宇的墙壁上画下的。壁画的内容十分丰富，有关于天文现象的，有关于山川地理的，有关于神人鬼怪的，有关于传说中的人物及其故事的，但最使屈原感兴趣的，还是那些有关治乱兴亡的经典人物事件画面。从夏朝到东周，这时期的圣君贤臣，暴君小人悉数在列，有夏桀荒淫图、有商纣剖心图、有武王伐纣图、有穆王周游图，有齐桓九合图……屈原非常清楚楚昭王命人画下这些壁画的原因与用意。博闻强识的他当然也记得楚国昭王时期的那段历史，以及涌现出的杰出爱国人士，如申包胥、蒙谷等人。屈原欣喜不已，热泪盈眶，仿佛见到了自己久违的知己。

屈原很羡慕那一时期君臣关系，虽然因为历史的原因，国家遭遇不幸，但圣君与贤臣能紧密配合，大家励精图治，努力为国，这是屈原非常向往的政治模式。想想当下，君王黑白不分、忠奸不明，小人当道，旧贵族为一己之私利，颠倒是非，对于国家的安危、前途漠不关心。国家由这些人把持，哪里会有光明。况且经历了一百多年的列国间的动乱纷争，一个治国、兴国的真理逐渐昭然，那就是上天不会保佑任何人、任何国家，只有天下的人自己有德行，有志向，讲法制，任贤能，远奸佞，不淫乱，不昏庸，国家才可以兴盛不亡，百姓才可以幸福安康。然而这样的道理，身在楚都的大王，怎么就不明白呢？内心激动不已的屈原决定根据庙宇壁画的题材内容写作一首诗，这首诗就是《天问》。

《天问》是屈原将学识与壁画题材内容完美结合的产物，是我国文学史上不朽的篇章，其内容涉及天地山川、天文地理、神怪传说，以及夏、商、西周、春秋历史。其中一些史实的记载，是《天问》所独有的，对于研究我国古代历史也是有重要意义的。但就屈原创作这篇诗歌的目的来说，屈原要重点表现的还是治乱兴亡的治国之道，要否定的是“君权天授”以及天与人，天与政权之间的那种神秘关系。为了能将壁画中的治国、兴国的道理以更有力、更鲜明的形式揭示出来，屈原采用了质问的句式。因为使用这样的句式，更容易引起人们的思考，使人们深入品味问句背后的道理。当然屈原最希望看见这篇文章的人是楚怀王。因而屈原在《天问》的最后有意写下“悟过改更，我又何言”一句。即是说君王你如果能醒悟自己的过错，改过自新的话，我何必还说这些话呢？

但是远在郢都的大王又怎么能看到这些呢？屈原长长地吁了口气。他当时真的很希望郢都能有谁替自己说说话，让君王悔悟，召自己回去，但是能有谁呢？他们每一个人都想着自己的富贵，想着自己的利益，哪里会为自己在君王面前冒死进谏呢！虽然陈轸大夫与自己一样向来主张联齐抗秦，但为了不得罪小人，他也是不敢说话的。就这样屈原虽然流放在外，但整日思考的还是如何能够早日回归郢都。

在鄀郢大约待了两年的时间，屈原没有等到

什么，平日里的生活也是无聊的，除了与仆人时常去云梦走走，就再无其他事情可做。这么长的时间没有郢都的人来，屈原有些失望，就再一次踏上了向北流放的路。屈原继续向北走，这对一心为国的他来讲是一种煎熬，他不知道这样的生活还要持续多久，他只知道自己每向北走一段路程，自己的心就会更进一步地忧虑。这种忧虑甚至弄得屈原面容憔悴，魂不守舍，沿途没有谁可以倾诉，如何排解这种负面的情绪呢，屈原决定写一篇诗歌，希望以此将内心的坏情绪排解出来，也给自己一些心灵上的安慰，这首诗即是《抽思》，屈原写道：

心郁郁之忧思兮，独永叹乎增伤。
思蹇产之不释兮，曼遭夜之方长。
悲秋风之动容兮，何回极之浮浮！
数惟荪之多怒兮，伤余心之忧忧！①
愿摇起而横奔兮，览民尤以自镇。
结微情以陈词兮，矫以遗夫美人。
昔君与我成言兮，曰黄昏以为朝。

① 荪：音 sūn。

羌中道而回畔兮，反既有此他志。
憍吾以其美好兮，览余以其修姱。[①]
与余言而不信兮，盖为余而造怒。

愿承间而自察兮，心震悼而不敢。
悲夷犹而冀进兮，心怛伤之憺憺。[②]
兹历情以陈辞兮，荪详聋而不闻。
固切人之不媚兮，众果以我为患。
初吾所陈之耿著兮，岂至今其庸亡？
何独药之謇謇兮，愿荪美之可完。
望三五以为像兮，指彭咸以为仪。
夫何极而不至兮，故远闻而难亏。
善不由外来兮，名不可以虚作。
孰无施而有报兮，孰不实而有获？

少歌曰：与美人抽怨兮，并日夜而无正。
憍吾以其美好兮，敖朕辞而不听。

倡曰：有鸟自南兮，来集汉北。
好姱佳丽兮，牉独处此异域。[③]

---

①憍：音 jiāo。
②憺：音 dàn。
③牉：音 pàn。

既惸独而不群兮，又无良媒在其侧。[1]
道卓远而日忘兮，愿自申而不得。
望北山而流涕兮，临流水而太息。
望孟夏之短夜兮，何晦明之若岁。
惟郢路之辽远兮，魂一夕而九逝。
曾不知路之曲直兮，南指月与列星。
愿径逝而未得兮，魂识路之营营。
何灵魂之信直兮，人之心不与吾心同。
理弱而媒不通兮，尚不知余之从容。

乱曰：长濑湍流，泝江潭兮。[2]
狂顾南行，聊以娱心兮。
轸石崴嵬，蹇吾愿兮。[3]
超回志度，行隐进兮。
低佪夷犹，宿北姑兮。
烦冤瞀容，实沛徂兮。
愁叹苦神，灵遥思兮。
路远处幽，又无行媒兮。

① 惸：音 qióng。
② 泝：音 sù，同“溯”，逆流而上。
③ 崴嵬：音 wēi wéi。

道思作颂，聊以自救兮。

忧心不遂，斯言谁告兮？

这首诗的意思是说：我心里整日郁闷，因而思绪忧愁不断啊，只能独自面对苍穹长长叹息，而这样又会进一步使我悲伤。思绪萦绕使我不能释怀，这夜怎么就那么长呢。秋风一过万物面貌都要萧条，这是多么可悲啊，可它还要反复地来回地刮。每次想到君王容易发怒的表情，都会使我感到悲伤。很想就此不管不顾，奔走他乡，但一想到人民的疾苦还是让我平静下来。我真想把内心的想法结集成文辞，呈送给君王。以前君王和我约好变法改革，以使楚国走向强盛。但变法改革还没完成，君王却改变了想法，听信了他人的意见。当初你向我炫耀你治国的理想，给我介绍你美好的德行品质。现在你这样对我言而无信，还因为我向你诤谏而暴怒。我真是希望你能在空闲的时间里好好地反省一下自己，但因为害怕你发怒，这话我迟迟不敢说。可怜我在那犹豫踌躇，还是想去见你，虽然心里依然担忧，惶惶不定。我把想法一五一十地向你讲述，而你在那却假装听不见。我知道我这人不懂得怎样讨君王开心，那帮小人也诚然认为我是他们的祸患。当初我向你的进言是那样清晰明白，难道现在我会改变吗？我之所以这样坚持进谏，还不是希望君王你能够做得更完美。我真希望你能将以前的三皇五帝作为自己的榜样，而我自己则以彭咸为学习的对象。如果是这样，什么样的政治成就我们做不到呢？到时候就会声名远播，而没有任何非议。任何东西都不是凭空得来的，任何名声也都不是无缘无故给的。哪有不付出就能得到回报的，哪有不耕种就能获得丰收的。

一首小歌是这样唱的：因君王而幽怨啊，但却没有人能为我证明。君王向我展示他的美好德行，却对我的进言置之不理。

我要为此和一首：一只鸟儿从南方来啊，到汉北停下了。他美丽而又喜欢修饰自己啊，但却独自在这无亲无友的异域他乡。他喜欢独立，不愿意与世俗合流，君王身边没有一个能为他说话的人。他现在离开郢都很久了也很远了，渐渐被君王遗忘，想要替自己申诉也是不可能的了。望着北方的远山他泪流满面，面对着汉江的水流，他长长地叹息。此时正值盛夏，夜本来是非常短的啊，可是怎么感觉从天黑到天亮是那么漫长呢。通往郢都的路是那样的遥远啊，我的魂魄一天能丢好几次。我不管通往郢都的路多么曲折多么遥远，姑且看着南方郢都上空的星辰和月亮。多么希望我与郢都之间的路慢慢消逝，但这是不可能的，或许只有灵魂不用走路能非常自如地往来于郢都。为什么我的秉性这样耿直，我所想的与别人想的不同呢？没有人在君王面前为我说话，真不知道我还要漂泊多久，到哪里去。

尾声：浅浅的水流在江滩上静静地淌着，我继续逆着水流的方向走着。有一段时间我疯狂地向南跑上一段，为的是舒缓我充满郁结的心。

这篇诗歌作完之后屈原感觉心里轻松了一些，他在仆人的搀扶下，继续向北走。几个月后来到了邓地（今湖北省襄樊市北），这里也就是他放逐的目的地。邓地地势较平，紧挨着汉江，环境很好，屈原选择了一个离江较近的地方，然后与仆人合力搭建起了一间简陋的茅屋。长时间的跋涉，已经使他的身心非常疲惫，加上又是在这样一个完全陌生的环境里，就更使得屈原心生伤怀之情。况且屈原真的不知道自己的未来会怎样，当一个人不能够掌握自己的命运，对自己的未来毫无把握的时候，往往会寻求占卜，诉诸神灵。一天屈原闲来无事，内心也实在纷乱得很，他听说隐逸已久的太卜郑詹伊住的地方离自己不远，于是想去拜访他，请他为自己卜上一卦。

经过一段时间的寻访，屈原终于找到了郑詹伊的居所，见面后两人寒暄了几句，接着屈原表明了来意，说道："我有些疑问，想请先生替我决断一下。"郑詹伊听后，一面将蓍草摆放好，之后又拿出龟甲，并拂去上面的灰尘，说道："大夫有何见教？"屈原说："我因直谏君王，被流放在此地，以后的日子里是应该保持忠贞诚恳呢，还是应该学着左右逢源、八面玲珑，使自己免于穷苦困顿啊？我是应该勤勤恳恳锄草耕作呢，还是郊游四方结交权贵，以钓名取誉呢？是应该冒着招来祸患的危险接着忠贞直谏呢，还是顺从世俗贪图富贵苟且偷生呢？是应该鹤立鸡群保持自己的操守呢，还是阿谀奉承、强颜欢笑地去侍奉别人呢？是应该公正廉洁保持自己的清白之志呢，还是油腔滑调，趋炎附势呢？是应该如千里马一般志向高远呢，还是为保全自己，像那野鸭子一样随波逐流呢？是应该与骐骥并驾齐驱呢，还是步那劣马的后尘呢？是应该与天鹅一同高飞呢，还是与鸡鸭一起争食吃呢？"

"以上我所说的这些，哪个应该得到恶果，

哪个应该得到善报呢？我又该何去何从呢？

“现在的世道浑浊不清：以蝉翼为重，以千钧为轻；优美的黄钟遭毁弃，破碗烂罐却整日敲得响如雷鸣；谗佞小人飞扬跋扈，正直的贤士却默默无闻。唉，还是保持沉默吧，谁又能明白我的忠贞廉洁呢！”

郑詹伊听完屈原的叙说后，便放下了蓍草，带着歉意说道：“尺虽长，但也有它的短处；寸虽短，但也有它的长处。世间万事万物本来都不完美，再聪明的人也有不明智的时候，卦术也有它占不到的事情，神灵也有他想不明白的道理。占卜实在也不能决断您所问的这些事情。”

听到此，屈原辞别了郑詹伊，独自回来了。仆人这时正准备晚饭，见屈原回来，问他情况如何，屈原只是摇了摇头。这一趟非但没能让他解除心中的疑虑，反而增添了许多不解。回到自己的住处后，屈原没什么事情可做，于是就把当天到郑詹伊那求卜的事情写了下来，写成《卜居》一篇。

接下来的日子，屈原过得非常苦闷。他会情不自禁地去想郢都会发生什么，虎狼一般的秦国又会对楚国做出怎样不利的事情，想久了，他就起身到江边走走，边走边吟唱着自己以前创作的诗歌。但日子这样一天天重复着，单调而无聊，自己满腹的才华无施展之处，自己拳拳忠国之心无人可见，屈原非常苦闷，他想到了离开，离开楚国。但很快这种想法就被自己推翻了，因为他又想到了自己年少时的理想，想到了自己的王族血统，想到自己曾写下的“受命不迁”的诗句。

公元前 306 年，屈原被放逐之后，楚国发生了许多事。那一年，秦国出兵讨伐魏国，围攻魏国皮氏，并且请求楚国援助，楚国果真出兵。魏国眼看敌不过秦、楚两国，便放弃抵抗，与秦国结好，秦楚两国撤兵。之后亲秦派的唐昧成为楚国令尹，此时在楚国的朝廷中，亲秦派的势力又一次占据了上风。

公元前 304 年，秦昭王邀请楚怀王在黄棘会盟，商讨两国和亲以及归还楚国土地的事情。楚怀王欣然前往，两人在黄棘把酒言欢，双方签订了盟约，秦国将汉中上庸之地归还给了楚国。从黄棘归来后，楚怀王春风得意，群臣庆贺，大家谈论起了力主联齐的屈原，纷纷指责屈原的联齐拒秦政策，屈原饱含远见、警策的话语，却成了鼠目寸光之辈的谈资。不久，楚怀王命令楚军侵伐韩国，围攻纶氏，这时秦国军队也来帮忙，秦楚关系达到了一个新的高度。但这种关系的维持，更像是秦国为赢取秦昭王扎稳执政根基而有意为之，但不管怎样这一年楚国迎来了较为安定的时光。

但好景不长，公元前 303 年，齐、韩、魏三国联合讨伐楚国，楚国再次陷入战争的危机氛围中。为了化解这次危机，楚怀王派人把太子熊横作为人质送到秦国，以请求秦国出兵支援。之后秦国派客卿通率领大军支援楚国，齐、韩、魏三国很快就撤兵了。平日里在楚国骄横惯了的熊横，在秦国显得非常无礼。以前在楚国宫中，他整日与旧贵族们混迹在一起，以为楚国和秦国的关系会像铁一般坚固，因而来到秦国作人质后，他并没有收敛多少。在秦国待的时间久了，变得愈发肆无忌惮起来。公元前 302 年的一天，他与秦国的一位大夫发生了口角，双方动起手来，楚太子熊横拔出自己的佩剑刺向了秦国大夫，对方应声倒地。

眼见惹出事端的熊横，慌忙逃回了楚国。一直陪伴他的太傅（太子专门的老师），并没有处理好这件事，他并没有选择采取外交手段及时解决这件事，而是与太子一起逃回，这一逃为秦国找来了借口，为楚国带来了灾难。公元前 301 年，秦国联合齐国、韩国、魏国一同进攻楚国，楚国成了被孤立、被进攻的对象，顷刻间大兵压境，形势非常紧急。秦国军队由原楚王族后人芈戎率领，进攻楚国重丘（今河南省泌阳县东北）；齐国军队由章子（即匡章）率领，进攻楚国的垂沙（今河南省唐河县地区）；魏国军队则由公孙喜率领，攻打径山（今河南省漯河市）。楚国令尹唐昧率军抵抗，唐昧怎能抵挡得住秦、齐、韩、魏的大军，楚军接连败退，最后唐昧战死，秦国占领楚国重丘（今河南省泌阳县东北），齐、韩、魏三国也都各自占据了楚国一定的土地。楚怀王为他放逐忠臣屈原，听信旧贵族的媚言付出了惨痛的代价。屈原的预言变成了现实。但秦国并不想就此罢休，第二年他们再次进攻楚国，将军景缺率兵迎战，楚军毫无斗志，接连溃败，近两万士卒惨死在秦国的兵戟下，将军景缺也战死沙场。此时身在宫中的楚怀王再也坐不住了，因为他非常清楚，如果再照这样的形势发展下去，楚国必定很快亡国。

身在汉北的屈原，很快就听到了楚国战败的

消息，他痛心疾首，悲愤不已，随后与仆人一起赶赴战场。还没等屈原走到战场，烟火、血腥的气息已迎面扑来，屈原双手掩面，泣不成声，蹲在了地上。许久之后，屈原在仆人的搀扶下慢慢站起身来，走了过去，无法言说的惨象呈现在眼前。屈原痛惜，屈原怨恨，屈原哀怜！他当即决定返回郢都，他已顾不得什么禁令了。

楚国由于受到如此惨烈的攻伐，亲秦派陷入了集体失声的境况之中。这时主张合纵联齐那几位大臣开始站出来说话，楚怀王于是重新启用景翠。景翠提议立即向东与齐国和好，他建议送给齐国一些土地，并将太子熊横送到齐国去做人质。接下来他还建议楚怀王从汉北召回屈原，经他的提醒，楚怀王又突然想到那个敢于直谏、忠心耿耿的屈原，那个甘愿被他流放，也不肯改志的屈原，于是他派使者连夜赶往汉北召屈原回归。使者走后，无计可施的楚怀王心神不宁，为安抚心中的恐慌，他在郢都宗庙举行了盛大的祭祀，他只能寄希望于楚国先祖的保佑了。

前往汉北的使者在鄢地遇到了急忙南归的屈原。使者告诉屈原他的来意、缘由，身在汉北的屈原，听到了秦国取重丘的消息，但并不知道之后秦国再次进攻楚国。听到使者的禀报后，屈原长长地吁了一口气，于是随使者紧急赶回郢都。

离别了几年，如今那个令他朝思暮想的郢都，使他忧郁万千的郢都就在眼前。郢都变化不大，只是百姓个个神色慌张，屈原知道这是因国家的无能而使他们不安，国家没有尽到保护好子民的责任。顾不上歇息，屈原与使者径直走向楚宫。楚怀王出宫迎接屈原。屈原的提议与景翠的想法不谋而合。建议将太子熊横送到齐国去做人质，先求得与齐国的和解，因为这样即使齐国不肯出兵帮助楚国，至少不会再派兵进攻楚国。楚怀王不假思索地同意了，太子在太傅的跟随下去了齐国。

公元前 299 年，听到楚国召回了屈原，并有意再次与齐国联合的消息后，秦国决定再次攻伐楚国。已被封为华阳君的芈戎，又一次率军进攻楚国，楚国军队无力抵抗，最后被秦军夺取新市等八座城池。战后秦昭王派使者送给楚怀王一封国书，信上写道："当初你我结拜为兄弟，咱们在黄棘会盟，饮酒作乐，您派太子来做人质，关系是那样的融洽。而太子横杀死我的大臣后，连句道歉的话都没有，就逃走了，我当时确实是非常气愤，因而才发兵进攻了您的边境。今天我又听说，您把太子横送到齐国做人质，想谋求与齐国和好。我们秦国和你们楚国山水相望，本是近邻，以前咱们还结成姻亲，两国间相亲友好已经很长时间了。如今我们秦楚之间的关系出现了点问题，不能够号令诸侯，这应是我们共同去弥补的。我希望和您在武关相会并签订盟约，这是我殷切希望的。所以今天将这个想法冒昧地告诉您，希望您能答应。”楚怀王看完信后，很担心也很矛盾。他想去赴约，担心会受到秦国的欺骗；不去的话，又担心秦国发怒，会再次进攻楚国。屈原看出了楚怀王的心思，坚定地说：“大王，这件事没有什么好犹豫的，您坚决不能去，秦乃虎狼之国，毫无信誉可言。而且这是秦国惯用的伎俩，我们不联合齐国的时候，他们怎么不想着与您会盟呢，会盟之事绝不可信，我们现在要做的就是坚定地守卫好边疆。秦国不久之前刚刚发重兵侵伐我国，这次又派芈戎来伐，臣只怕大王您若是去了，会凶多吉少。”陈轸非常同意屈原的话，也向楚怀王劝谏了几句。

这时怀王的小儿子子兰向前说道：“为什么要拒绝这次和秦国友好的机会呢？上次或许真的

是我们太子的不对，父王还是去吧。”亲秦派大臣也低声附和着。楚怀王竟然决定去与秦昭王会面，似乎在他的心里还残存着礼乐文明下的诚信与道义。楚怀王走后，屈原、陈轸等人越想越感到不对，他们明白秦国是怎样的一个国家，经过商议后，他们决定派使者前往齐国，进一步加强与齐国的联合，以备不测。

当楚怀王带领着侍从到了武关（今河南省西峡县西40公里处）后，武关的城门随即就被秦国的士兵关闭了。楚怀王感到很奇怪，同时内心的恐慌也油然而生。还没等他回过神来，几个秦国士兵就将他按住，强行押到了马车上，接着将他带到了秦国的都城咸阳。秦昭王在章台会见了楚怀王，说是会盟，但就像对待自己犯罪的臣子一样，哪里有信上所说的兄弟之情，哪里有姻亲之好。楚怀王大怒，后悔不听屈原等人的劝阻。

秦昭王将楚怀王拘留下来，逼他割让巫、黔等地的郡县给秦国，然后就签订盟约放他回去。秦昭王很为他的计谋高兴，以为这样秦国会不费一兵一卒就能得到大片的土地，但是他万万没有想到楚怀王竟宁死不从。楚怀王的这一举动确实令那个时代的人不理解。在战国时代，割让土地换得国家的和平是非常平常的事，更不要说是换取一国之君的性命。楚怀王作为堂堂一国之君竟然不惜牺牲自己的生命，也不愿割让土地给秦国，这种君王的气节恐怕只有在礼乐文明的社会中才会有，礼崩乐坏的战国已不多见。

楚怀王执意不肯割让土地，秦昭王非常恼怒，便将楚怀王一直扣留在秦国。楚国得知自己的国君被秦国扣留的消息后，满朝大臣十分担心。他们担心楚怀王的安危，担心秦国此时联合其他国家趁机攻打楚国。真若如此，楚国将会很快被灭亡，为此大臣们聚在一起商议对策。大臣们认为国不可以一日无主，首先要立新王，可问题是太子已被送到齐国做人质。于是有人建议立怀王的小儿子子兰。昭睢站出来说：“我们的君王正在秦国遭受苦难，今天我们在这里却要违背他的意思，立庶子，我以为这是不合适的。”于是他们决定趁齐国还不知道怀王被囚禁在秦国的消息时，谎称怀王去世，要太子横回国即位。这时屈原决定亲自去齐国请太子回来。

当齐湣王得知屈原的来意后，偷偷一笑，便小声对国相说：“这个时候楚国最需要太子，不如我们扣留楚太子，让楚国割让淮北的土地给我们。”国相说：“我看这样不妥，我们扣留太子，万一楚国另立新王，我们空留太子也没有什么用，还显得我们齐国不讲道义。何况屈原大夫亲自前来，我们的计策是不容易实现的。”这时一位谋臣提议说：“国相说得不对，如果楚国另立新王，我们正好和楚国新王做个交易，让他割让给我们下东国（楚国东北部，与齐国接壤），我们就帮他杀掉太子。如果他不答应，我们就联合秦、韩、魏等国拥立太子为王。这样下东国一定会得到。”齐湣王思来想去，认为扣人质要挟楚国割地确实也不怎么好，最后还是采用国相的意见，允许屈原带太子横回国。

太子熊横回国后，被立为王，即楚顷襄王。不久，楚顷襄王让他的弟弟子兰担任令尹。可以说，贪图享乐的旧贵族在楚国又一次不合时宜地达到了他们权力的巅峰。公元前 298 年，楚顷襄王在即位后的第二年就办了一件自毁城池的事。在楚国充满危机的时期，他没有低调行事，恢复自己的国力，反而派使者到秦国去通告楚国已经另立新王。秦昭王明白继续利用楚怀王已经行不通了，现在楚国另立新王应对这种局面，虎狼成性的秦国决定“明抢”了。这一年，他们举重兵进攻楚国，攻打楚国武关地区，楚军大败，凶残的秦军大肆屠杀，楚军死亡达五万余人，武关遍地血迹，惨不忍睹。之后贪婪的秦军夺取楚析邑（今河南省西峡县地区）等十五座城池而去。

公元前 297 年的一天，楚怀王觅到一个时机逃跑了，秦国发现后，立即封锁了所有通向楚国的道路。楚怀王担心再次被抓回去，选择绕道赵国，再由赵国回楚国。当他千辛万苦走到赵国后，赵武灵王此时正在代地，其子赵惠文王即位行王政，不敢接纳楚怀王。楚怀王见状，又转而向魏国跑去，还没等走到魏国，秦国的追兵赶了上来，楚怀王再次被强制带回了咸阳。

被带回秦国后，楚怀王病倒了。第二年，即公元前 296 年，楚怀王含恨死在秦国。这位一国之君狼狈地在异乡死去，而生前在秦国待了三年之久，他的国家竟无能力派兵去救他，这委实成了各国的笑柄。然而从一定程度上说，这又和当初他自己的抉择不无关系，或者说就是他自己造成的后果。屈原的拳拳忠言不听，对合纵策略犹犹豫豫不坚定，听信旧贵族的谗言，才导致他一而再再而三的被动，最终自食恶果。但楚怀王又并非一无是处，被扣留在秦国，他情愿死也不愿割让土地给秦国，不愿成全秦国的虚伪狡诈，似乎又让我们看到了昔日楚人血液中流淌的那种刚毅精神。这种精神在战国文化的废墟中显得那么鲜明、耀眼。

当秦人把楚怀王的灵柩运回郢都的时候，楚国上下无不悲痛，各诸侯国也进一步了解到了秦国的贪婪、恶毒，楚国从此和秦国断绝了交往，并结下了深深的仇恨。

公元前295年新春伊始，楚国有意识地进行了一番总结。楚国的大臣以及郢都的人们纷纷对劝楚怀王入秦的令尹子兰表示不满，屈原更是直言不讳地表达了自己对令尹子兰的意见，指出他的无知与愚昧。当令尹子兰听到这些批评后，不但不思己过，吸取教训改变自己，反而非常气愤，对批评者怀恨在心，尤其憎恨屈原。他很想将屈原排挤出朝廷，于是他找来上官大夫，商议诋毁屈原的事。

一天，上官大夫跑到楚顷襄王那，编造了许多莫须有的谎话来诋毁屈原。顷襄王对上官大夫的一面之词信以为真，十分愤怒。对于正道直行、毫无私念的屈原，没有丝毫的尊重与挽留，便直接将他放逐江南。屈原的这次放逐，并无具体的地点，只是让他到更为荒蛮的江南去。所谓的江南就是长江以南，地域非常广阔。那里常是楚国流放犯人的地方，少有楚先祖活动的痕迹，因而这次屈原的江南流放，让他的心毫无归属感，更加孤独。

仲春时节，屈原和一些被战争吓怕了的人们，一起向东迁移。他再一次离开了郢都，但不同的是，这时楚国的君王已更新换代，使得屈原更加不看好楚国的未来。屈原心灰意冷，这次他没有让仆人跟随，因为就当时的形势来说，他也不知道未来会怎样。屈原背着简单的行囊，沿长江顺流而下。他心中有一种强烈的莫名的悲伤。他感觉到，这一别或许真的再也没有回归郢都的机会了，对于故国的爱恋，促使他在船上不停地回头远望那渐行渐远的郢都。走到洞庭湖入江口的地方时，屈原命船夫把船向洞庭湖的方向摇，他不想就这么快地离去。漂浮在洞庭湖上，湖面春风徐徐吹来，掠着屈原的衣衫与面颊，可屈原却感觉不到一丝的暖意。在楚国生死攸关的时刻，他委实不想离开，但旧贵族当政，听不进任何意见，这又能有什么办法呢？

这时船夫提醒屈原说：“大夫，实不可于此

地逗留太久，此地向西距蜀较近，近期常有秦国士兵出现在这里，是很危险的。”于是屈原决定出洞庭湖，再次入江向东漂流。故国渐渐远离自己，屈原的心禁不住悲凉起来。就这样煎熬地走着，他也不知道自己究竟要去哪里。

历经两个多月的漂泊，屈原来到了彭蠡泽（今鄱阳湖），他没有选择继续向东走，而是进入彭蠡泽，选择南下进入庐江水道，逆着庐江的水流走了一段时间后，屈原在陵阳（今江西省宜春市地区）停了下来。他告别了船夫，独自停留在了这个少有人烟的地方。从地理位置上看，陵阳属于楚国的东南部，再向东走就到了古越地。这里居民很少，因而显得荒凉，对于屈原这位饱受孤独的逐臣来说，就更是如此。因为没有人交流，也没有能让他感到慰藉的任何古迹，这时屈原不自觉地悲伤起来。简单搭建好茅屋后，屈原不知道自己该干点什么，他还抱有一点希望：或许君王还会再一次将他召回郢都。这种信念就是支撑他在剩余人生道路上坚定走下去的唯一理由。但是长时间的颠沛漂流，使他的身体极度疲惫，精神上的苦痛煎熬，以及忘我的思国，屈原一连几天显得魂不守舍，没有一点精神。“这种状态可不好”，屈原下意识地想到，“我需要召唤一下自己的魂灵了”。

招魂本是一种巫术仪式，在古代，我国南北方都很流行。古人认为，当一个人没有精神或是昏迷不醒的时候，说明他的魂魄离开了身体，这时就要想办法招回来。屈原为自己招魂，当然并没有什么仪式性，身边也委实没有什么工具，他只是口中默念着语词，仅仅是为寻求一种心灵的安慰，借此清除一下内心长时间积累下来的忧虑，舒缓一下自己思想上的郁结。

屈原为自己写出了《招魂》，这是一篇华丽的赋体文学，在这篇赋的序文中他说道：

> 朕幼清以廉洁兮，身服义而未沫。主此盛德兮，牵于俗而芜秽。上无所考此盛德兮，长离殃而愁苦。

意思是说：我小时候的品质就清正廉明，以正义立身从未改变。这么盛大的德行，却因为世俗小人的谗害，而失去了用武之地。君王对我的品德视而不见，才使我长时间遭受祸患，饱受痛苦。

而正是屈原所说的这种忧患与痛苦，再加上

长时间的颠沛流浪，使他魂不守舍、无精打采，于是才自我招魂，这可以看作是屈原创作这篇文辞的原因。

帝告巫阳曰："有人在下，我欲辅之。魂魄离散，汝筮予之！"[1] 巫阳对曰："掌梦。上帝其难从。若必筮予之，恐后之谢，不能复用巫阳焉。"

这是屈原假想的一段虚拟想象之辞，他想象着上帝知道了他的情况，想要帮助他，就命令大巫师巫阳占筮一下，看看什么时间为他招魂合适。巫阳则认为现在来不及占筮了，因为他的魂魄可能随时都会散去，如果那样的话，就再也招不回来了，于是巫阳直接下到世间为屈原招魂。屈原借着"巫阳"之口说出一些招魂辞令，这是艺术写作中的一种常见手段。招魂辞高呼魂魄归来，不可以四处飘荡，屈原一一陈列出东、南、西、北、上天、幽都六方之地的险恶，呼唤魂魄不可以在这些地方停留，要赶紧归来。并且屈原极尽铺写之能事，描写魂魄归来后，这边有多美

①筮：音 shì。

好，华美的宫殿，亭台楼阁；优美动听的音乐；迷人的舞蹈以及可口的珍馐佳肴。为的就是让魂魄尽快回归，于是在招魂辞的结尾处，再次呼喊“魂兮归来”。

《招魂》同屈原的其他篇章一样，也是以“乱辞”结尾，这是古代文人写作常见的一种体例，即在全篇结束后，总之以乱辞，以概括文章的主旨大意。屈原在“乱辞”中说：

献岁发春兮汩吾南征，菉蘋齐叶兮白芷生。路贯庐江兮左长薄，倚沼畦瀛兮遥望博。青骊结驷兮齐千乘，悬火延起兮玄颜烝。步及骤处兮诱骋先，抑骛若通兮引车右还。与王趋梦兮课后先，君王亲发兮惮青兕。朱明承夜兮时不可以淹，皋兰被径兮斯路渐。湛湛江水兮上有枫，目极千里兮伤春心。魂兮归来哀江南！①

屈原回顾自己是在一年之始的春天踏上了放逐的历程，自己一直向南行走，最后沿着庐江来

① 菉蘋：音 lù pín。畦：音 qí。瀛：音 yíng。骊：音 lí。驷：音 sì。骤：音 zhòu。骛：音 wù。兕：音 sì。

到了现在所处的陵阳地区。他沿着沼泽水洼的边沿走着，远远望去是无边无尽的旷野，这不由让他回想起当年与楚王一起到云梦泽打猎的情景。当时是何等威风和壮观啊，青骊驾车，车有千辆之多，火把蔓延几里地，自己还和君王比试谁先射中猎物，君王亲自拉弓射中了青牛。可是时光过得太快了，自己现在却独自走在这杂草丛生的小路上。由于荒茂的兰草遮挡，这路甚至让人辨识不清。清清的江水啊，岸上是层层的枫树。看着这方圆千里的楚国大地，这景色越是迷人就越使我更加伤悲。魂魄啊，归来吧，不要让我在这江南之地这样的哀伤！

屈原的这篇《招魂》，是古代正直的士大夫在践行济世救民过程中，因得不到君王认可，自身还因小人谗害而遭到迫害的情形下，为拯救失意的内心，为拯救困苦的精神而作的经典篇章，在我国封建社会时代具有典范意义。

屈原在陵阳大约待了三个月时间，他的身体精神好了很多，他决定离开这个地方。因为陵阳离郢都实在太远，荒凉而少有行人，消息闭塞，列国间的时事信息一点都传不进来，这让屈原心里很不安。于是简单收拾了行李，告别了自己搭建的那间小屋，告别了庐江，告别了南山，屈原离开了。

因为没有船，屈原就先沿着庐江走，一路上他没有遇见什么人。快到彭蠡泽时，屈原终于看到了船夫，他乘船再一次踏上了漂泊的旅程。屈原决定按原路返回。此时正值秋冬时节，风冷水寒，当船到达鄂地时，屈原便不能再继续坐船在长江中行驶了。因为他是被流放在外的罪臣，君王已经给他划定了流放范围，在楚国江南之野，过了鄂地之后就属于楚国中心腹地了，所以他不能再沿长江继续西行，只能改走陆路了。站在土地上，屈原心里感觉踏实了许多，但长时间乘船所留下的眩晕感还在，他站定停留了一会，之后登上了岸边的一块高地。他向身后望了望，毫无色彩，萧条一片，只有簌簌的风卷作一团。从高地下来，屈原独自慢慢地向西走着，经过咸宁等地，到达了方林（今湖南省岳阳市地区），这里距离洞庭湖已经不远了。

含恨沉江

屈原从陵阳不惜千辛万苦再次返归，为的就是能在一个合乎自己心意的环境中度过自己的放逐生活，而且他希望自己能打听到有关楚国政治的一些消息，当然他也很想回归朝廷，为国尽忠，但他很清楚自己要想再次返回郢都会有多困难。

经过方林之地后，屈原又漂浮在了洞庭湖上。但是这并不是他的目的地，他还要向南游走，虽然他自己并不知道最终会在哪里落脚。习习的冷风无情地撩着这位年过半百的老臣。

“大夫，再向西就是洞庭湖的西岸了。”许久之后，屈原听到了船夫提醒的话语。

“有南下的江口吗？”屈原问道。

“有，前方正是沅江入湖之口。”船夫答道。

“就顺江口南下吧！”

船逆沅江而上，前行得很慢。望着这条水道，屈原思绪万千，此时他想起了一个人——庄蹻。庄蹻原本是楚国的将军，同屈原一样也是一位正直的人，一位敢于痛斥小人的人。他讨厌旧贵族们谄媚贪婪的嘴脸，讨厌他们亲秦的策略。当年秦国联合齐国、魏国、韩国侵伐楚国的时候，他与令尹唐昧一同抗击敌人，最后因力量悬殊、矛盾分化，楚军溃败，唐昧被杀死。庄蹻作为将领，打了败仗，按照楚国的惯例，庄蹻也逃不过处罚。令人意外的是，庄蹻并没有束手就擒，带领他的残余部队回到郢都后，他发动了兵变，矛头直指那些旧贵族。楚国国内各种势力的明争暗斗终于在庄蹻兵变后，浮出了水面，变成了一种直接的针锋相对。

昔日的大国在那一年是如此动荡不安，外患不断，内忧加剧，楚怀王赶忙镇压庄蹻。庄蹻带着人马向楚国西南荒蛮的地域逃去，他所经过的路线，正是洞庭、沅江，经枉渚、辰阳最后到了古夜郎之地（今云南、贵州）。如今屈原正沿着沅江逆流而上，这让他想起了这位昔日楚国的将军。一个多月的缓慢前行，屈原到达了辰阳，他没有选择继续向西南走，而是改方向向东，来到了溆浦。长时间的漂泊已经严重透支了屈原的身体，使他疲惫不堪，屈原决定先在溆浦住下来。

在溆浦搭建好简易的住所后，屈原总算可以安顿下来了。平日里屈原没有什么事情可做，就在茅屋附近走走，有时也会到当地居民的村落去买些东西。屈原发现这里的百姓生活习俗与郢都很不一样，他们爱好祭祀，穿着一些奇特的衣服，晚上喜欢点起火来唱歌。屈原看着他们无忧无虑地生活状态，想想自己流放以来颠沛流离的漂泊生活，内心颇有感慨，于是创作了来到溆浦后的第一首诗《涉江》。诗中写道：

余幼好此奇服兮，年既老而不衰。
带长铗之陆离兮，冠切云之崔嵬[1]。
被明月兮佩宝璐。
世溷浊而莫余知兮，吾方高驰而不顾[2]。
驾青虬兮骖白螭，吾与重华游兮瑶之圃[3]。
登昆仑兮食玉英，与天地兮同寿，与日月兮同光。
哀南夷之莫吾知兮，旦余济乎江湘。

乘鄂渚而反顾兮，欸秋冬之绪风。
步余马兮山皋，邸余车兮方林[4]。
乘舲船余上沅兮，齐吴榜以击汰。
船容与而不进兮，淹回水而疑滞。
朝发枉陼兮，夕宿辰阳。
苟余心其端直兮，虽僻远之何伤。

① 崔嵬：音 cuī wéi。
② 溷：音 hùn。
③ 虬：音 qiú。骖：音 cān。
④ 皋：gāo。邸：音 dǐ。

入溆浦余儃佪兮，迷不知吾所如①。
深林杳以冥冥兮，猿狖之所居②。
山峻高以蔽日兮，下幽晦以多雨。
霰雪纷其无垠兮，云霏霏而承宇③。
哀吾生之无乐兮，幽独处乎山中。
吾不能变心以从俗兮，固将愁苦而终穷。

接舆髡首兮，桑扈臝行④。
忠不必用兮，贤不必以。
伍子逢殃兮，比干菹醢⑤。
与前世而皆然兮，吾又何怨乎今之人！
余将董道而不豫兮，固将重昏而终身！

乱曰：鸾鸟凤凰，日以远兮。
燕雀乌鹊，巢堂坛兮。
露申辛夷，死林薄兮。
腥臊并御，芳不得薄兮。
阴阳易位，时不当兮。

---

①溆浦：音 xù pǔ。
②猿狖：音 yuán yòu。
③霰：音 xiàn。霏：音 fēi。
④髡：音 kūn。臝：音 luǒ。
⑤菹醢：音 zū hǎi。

怀信侘傺，忽乎吾将行兮。

这首诗的意思是说：我小的时候就很喜欢这种奇特的衣服，现在年老了依然没有改变。我带着长长的佩剑，高高的帽子，还有那光泽亮丽的美玉。现在的世道是那样浑浊，没有人能明白我的内心，我真希望自己能远走高飞不管不顾。驾着青龙，与重华一起游览那美丽的玉园。登上那巍峨的昆仑山，吃一些那山巅上的如玉一般的冰雪，与天地同在，享日月之光。

我哀叹这江南的人中没有一位是我的知己，一早我打算渡江离开那里。我登上鄂地的高丘回头远望，只见那初冬的冷风。当我到达方林这个地方的时候，就改乘船逆沅江而上。船儿行驶得非常慢，像停滞在水中一样。早上从枉陼出发，傍晚时分到达辰阳。虽然历经各种艰难，我的心依然端正没有改变，即使到再远再偏僻的地方，又有什么可哀伤的呢。到达了溆浦之后，我自己也不知道该向哪里走了，于是索性就在这里居住下来。四周森林茂密，高山环绕，甚至看不到太阳，幽深昏暗，这本是猿猴喜欢居住的场所。而且这里多雨雪，下起来就没完没了。我这一辈子没有享什么欢乐，到老了还要独自居住在这样幽僻的地方。我坚决不能改变自己的志向与世俗随波逐流，虽然我知道这可能会让自己一生穷苦潦倒。

接舆剪光了自己的头发，桑扈不穿衣服裸着身子游走，他们本都是著名的贤士。如此看来忠臣贤士不一定被重用。伍子胥遭逢祸殃，比干受剖心之刑。这些前世的贤人都是这样悲壮的下场，我对于现在的现状又有什么可怨恨的呢。今后我依然会毫不犹豫地坚持正道，终身不会改变。

诗的最后屈原列举了历史上一些颇为不得志的贤士，他们也曾经有过和屈原一样的痛苦经历。自古以来，忠臣不一定被任用，贤士也不一定都有好的下场。屈原对自己的被放逐释然了许多。

诗的结尾处屈原仍旧以“乱辞”作结，屈原认为这个社会是一个容不下凤凰的社会，反观麻雀、乌鸦却登堂入室，做起了主人。这也是一个香臭不分的社会，黑白颠倒，阴阳错位。屈原这样写，旨在讽刺小人当道，君王是非不分。

在溆浦那个山高林森的地方待了两年多，屈原又一次踏上了孤独流浪的路。他继续向东方走，这位年过半百的老人艰难地跋涉在自己信念的路上。一个多月的艰苦行程，屈原穿过了位于沅江和湘江之间的资水，来到了靠近湘江的一个地方。这里山美水清，环境优雅美好，此时的屈原已经十分疲惫，见到如此美境，打算住下来休息一段时间。或许正是因为这里的环境好，很适宜居住生活的原因，这里的居民很多。当地人借给他一间草房子居住。对于这位远方来的老者，他们似乎并不排斥。

每日闲来无事，屈原会找当地的大巫聊天。大巫讲述了他们部落发展历程中的一些重大的事，以及他所见到过的神灵。大巫的讲述充满灵异神怪，屈原听得很开心。因为当初在郢都任左徒时，史官也曾告诉过他许多楚国祭祀的故事，其中充满各种神灵，如飞廉、丰隆、造父等等。现在当地巫师的侃侃讲述，与当时的情形是何等相似，这让屈原有一种莫名的亲切感。大巫兴致很高地邀请屈原参加当地的祭祀仪式，屈原欣然答应了。以前在郢都，屈原跟随楚王参加过在楚国宗庙举行的对先祖的祭祀，也参加过郢都郊外举行的对于天地神灵的祭祀，但对于楚国南部乡野的祭祀场面，还真的没见过，屈原很是期待。

祭祀的那天终于到了，部落里无比热闹。部

落村人不论男女老少，穿戴得都很新鲜，各种饰品被戴在头上，鲜艳的服装穿在身上，显然经过了精心打扮。夜幕落了下来，篝火点了起来，各种简单的丝竹乐器响了起来。大巫登场了，祭祀的各种事宜都是由他来主持。在一个平整的土丘上，他站在中央，身后摆满了各种祭品。祭祀的第一个神灵是太阳神，只见大巫在丘台上摇头晃脑，口中念念有词，台下的声乐响得更加猛烈了，围在一起的族人口中纷纷发出有节奏的声音。大巫突然镇静下来，神情凝然，几个女巫出现在了台上，她们动作夸张地围在大巫周围跳舞，唱着动听的情歌。祭祀完太阳神后，他们又相继祭祀春神、云神、司命神、湘水神、山神等等，所唱歌词皆大胆狂放，所跳舞蹈皆动作夸张。

观看完祭祀回到自己的住处后已经很晚了，屈原非常困乏，便草草地睡下了。第二天屈原回想起昨天晚上部落祭祀的场景，觉得当地人的这种祭祀是非常有特色的，绘声绘色地表演出他们迎接神灵、对话神灵的场面。他们认真对待自己的信仰，虔诚地对待心目中的神灵，将夙愿传达给所信奉的神灵，期待神灵的护佑，这样原始简单的生活，其实是充实的。只是所唱歌词太过直白了，想到这里，屈原微微地笑了。他的脑海中闪现出一个想法，反正闲来无事，何不对此改写一番呢。于是根据当地部落所祭之神，所唱之歌，所表演的情景，屈原创作了《东皇太一》《东君》《大司命》《少司命》《云中君》《湘君》《湘夫人》《山鬼》《河伯》。

一连几天屈原都在做这件事情，等最后一首诗歌创作完成后，屈原抬起头向北方望了望，他希望这些神灵也能保佑眼下这个多灾多难的国家。丹阳战役、蓝田战役、垂沙战役、重丘战役，这一系列的战争中，那些为了楚国而战死沙场的战士，他们纷纷倒下的身影浮现在屈原的眼前。广袤的旷野中，无人会顾及他们的尸首，他们的魂灵现在还好吗？想到这里，屈原创作了一首祭祀亡灵的歌，这首歌就是今天我们见到的《国殇》。

操吴戈兮被犀甲，车错毂兮短兵接①。
旌蔽日兮敌若云，矢交坠兮士争先②。

---

①毂：音 gǔ。

②旌：音 jīng。坠：音 zhuì。

凌余阵兮躐余行，左骖殪兮右刃伤[1]。
霾两轮兮絷四马，援玉枹兮击鸣鼓[2]。
天时坠兮威灵怒，严杀尽兮弃原野。
出不入兮往不反，平原忽兮路超远。
带长剑兮挟秦弓，首身离兮心不惩。
诚既勇兮又以武，终刚强兮不可凌。
身既死兮神以灵，子魂魄兮为鬼雄。

这首诗的大意是说：战士们手执锋利的吴戈，身披坚实的犀甲，双方战车车毂交错，短兵相接。战旗遮挡住了天空，敌人如云一样多，双方的箭在空中相对落下，战士们在这箭雨中仍旧争相冲锋。敌军进犯我方阵，践踏我行伍，左侧的骖马倒下了，右侧的也被兵刃刺伤。战车的轮子陷进土里，四匹战马，两匹已经倒下，另外两匹也动弹不得，战士拿起鼓槌使劲敲响战鼓。这时天象威严，神灵震怒，战争的肃杀之气停止了，战士的尸首尽弃荒野。战士奔赴战场，却一去不复返，茫茫旷野，亡魂距离他们的故乡是那么的遥远。战士们身佩利剑，手持秦弓，他们虽

①躐：音 liè。殪：音 yì。
②絷：音 zhí。枹：音 fú。

然身首异处，但甘心为国之志不曾改变。他们勇猛有力，始终刚毅坚强，不可凌辱。身体虽死，但精神不灭，其英魂也必然会成为鬼中之雄。

殇即是亡魂，国殇就是为国而死的战士的亡魂。屈原在这首诗中描写了惨烈的战争场面，楚国的战士们奋勇杀敌，视死如归。他们奔赴战场后就再也没有回来，他们的尸体尽弃原野，为了国家早已将生死置之度外，即使尸首分离，仍不改初心。他们勇敢英武，为了国家表现出了令人敬佩的大无畏精神，因而诗的最后屈原称赞他们说，即便是在死后他们的魂灵也应该是那个世界的鬼雄。

写完《国殇》后，屈原又创作了一首《礼魂》作为这一组祭祀歌诗的结尾，然后将这些诗篇归置在一起，以远古夏启时代的祭祀乐歌之名《九歌》来命名。

在湘江附近住了大约一年后，屈原想再次启程。那天他同村落的人们道别，带了些干粮，就又一次踏上了流浪的路。屈原仍旧继续向东走，几天后来到了湘江边，或许是之前已经歇得足够多了，屈原并没有打算停下来，背着行囊向渡口的方向走去。乘船渡过湘江后，屈原来到了湘江的东岸，上岸后，屈原向着远方望去，前程茫茫，使他看不清方向，忧愁的思绪不禁涌上心来。这次他并没有选择继续东行，他不想离郢都太远，于是选择沿湘江北上。

沿着湘江边走，看着两岸优美的风景，屈原的心却怎么也欢快不起来，只是一边走一边吟唱着自己以前写过的诗歌，情绪很是低落。江风吹来，屈原头发凌乱，显得非常憔悴，消瘦的身形使得他的衣衫看起来很宽松。不知过了多久，屈原突然听到有一个声音在叫他。

“你不是三闾大夫吗？怎么会到这个地方来？”屈原顺着声音的方向看去，原来是江边的一位渔父，可是屈原并不认识这个人。也许他在郢都生活过吧，屈原想着。

“世道这么浑浊，我自己却清白着；众人皆昏昏如醉，我自己却清醒着。我是被君王放逐到这里的。”屈原回答道。

渔父说：“我听说圣人对待任何事物都不会以一成不变的态度，而是能随着世间事物的变化而变化。如果世上的人都浑浊不堪，你何不将这潭浑水搅得更浑，并推波助澜呢？众人都昏昏如醉，你何不饮其酒甚至连酒糟都吃下呢？为什么整日深思国家社稷，这么清高，却弄得自己被放逐在外呢?”

屈原听完渔父的话后，觉得这位渔父也是一位挺清楚自己经历的人，便说道：“我听说刚洗完头发的人，在戴帽子前都会弹一弹尘土，刚洗完澡的人，在穿衣服之前都会抖一抖衣服上的灰垢。人的内在品质不也应该是这样吗，怎么能让自己的洁白之身，被世俗尘垢玷污呢？如果真是这样，我宁愿投身到这湘江，葬身于江鱼之腹中。怎么能让那份纯洁，沾染世俗的尘埃呢?”

渔父听到屈原的话后，微微地笑了一下，便没有再回答，摇起船桨慢悠悠地走了。没走多远，只听他唱起歌来：“沧浪之水清啊，洗洗我的帽缨啊；沧浪之水浊啊，洗洗我的臭脚啊。”就远去了，再没有与屈原说话。

屈原看着那位渔父远去的身影，并未感到有太多的遗憾，便也转过身来，继续沿着湘江向北走去。他一边走一边想那位渔父，从他的言谈来看，不像是一个地道的渔民，应该是位有知识的人，或许也在郢都生活过，不然怎么会认识自己呢。或许也曾和自己一样受到了不公平的待遇，便在这个地方隐居起来，过起自由自在的生活，不再过问世间事。屈原又想到了自己，想自己昔日的理想，想自己现在的处境，他不后悔这样，如果君王现在召我回去，我一样为国家尽力，屈原默默地说了一句。国家总要有人顶起，若是遇到苦难便隐退，遇到挫折就变节，那么谁还维护正义，谁还呼唤正义，谁还撑起国家呢？屈原这样想着，似乎来了一些精神。

天快黑了的时候，屈原循着光亮走向一户人家，他想借宿一夜。在介绍完自己后，那人家似乎并不知道屈原是谁，只是很爽快地答应了，并准备了屈原的晚饭，这让屈原非常感动。吃过饭后，屈原拖着疲惫的身子躺在柴草上，松油灯的光柔和，刚眯上眼睛，他又想起了白天见到的那位渔父，于是又努力坐起身来，他记下了与渔父那段难得的交流经历，最后题名为《渔父》。

第二天天一亮，屈原便向那户人家致谢，道别，继续沿着湘江向北走，令屈原稍感欣慰的是，湘江上时不时地会有商船。他们或许是从郢都来的，屈原这样想着。他渴望在前方的某个渡口中能遇到来自郢都的人，于是加快了前行的步伐。

前方是湘江上最大的渡口——长沙，那里是

商船、客船集散停泊的重要港口。这里一定会有来自郢都的人，屈原内心激动又兴奋。快到渡口的时候，屈原远远望去，那里来来往往有许多人。顾不得疲惫，这位久放在外的老臣又加紧走了几步。终于到渡口了，屈原顾不得歇息，急忙询问行人是不是从郢都来，但人们连连向他摇头，屈原有些着急，像一位把自己弄丢的孩子。

“我是从郢都来的，老人家有何事？”这时一个中年人一边走向屈原一边说着。屈原则像是见到失散多年的亲人，急忙迎了上去。

“我想问一些关于郢都的事情。”屈原激动地说道。

“老人家想知道什么事？”

“郢都现在怎么样了？大王可曾改变治国策略？秦国有没有再进攻汉北？”屈原殷切地接二连三问道。那位中年人一听，这可都是关乎国家命运的大事啊，不像是从这样一位穿着质朴，形容憔悴的老者口中说出的啊。

“老人家，您是？”中年人好奇地问道。

“我是屈原，原来在郢都待过。”屈原回答道。

“您可是三闾大夫屈原？”中年人追问道。屈原微微点了点头。

“小人是郢都织坊的，以前在郢都只是听闻大夫的声名，却未曾见过大夫，前些年听说大王将您迁往江南，这些年大夫是如何度过的，真是受苦了。”

“大夫不知，起初因为先王的死，大王还有些决心抵抗那暴秦，但是几年后，暴秦进攻韩国，杀死韩国兵士二十几万，当时各国听到这个消息后，哪个不吓得发抖。听说就在这个时候，秦王给我们大王一封书信，威胁说，要与我们楚国决一死战。大王害怕了，哪里敢和秦国打仗啊，便又与那暴秦讲和了，还从秦国迎来了新妇人。”

中年人继续说道：“最近几年，暴秦肆意攻伐其他国家。东方的齐王好像自称为帝了。各国眼见都被秦国侵略，去年还组织过一次合纵联盟，但是无功而返。最近倒没什么大的事情发生。”中年人跑到一堆包袱旁找出了一件长衫送给了屈原，然后便与屈原道了别。

离开长沙渡口后，屈原顺着湘江向北走，边走边想，依目前的形势，秦国已经到了肆无忌惮的地步。现在也只有齐国还有些实力与之抗衡，即便如此，齐国要想保全自己还必须联合其他各国，这样才能使包括楚国在内的各国不会被秦国灭亡。但狡猾的秦国肯定会主动与其他各国和好，以进攻齐国，与楚国和亲就是他们的手段。等齐国被打败后，其他各国自然就会面临唇亡齿寒的境地了。想到这里，屈原环顾四周，望了望这大好的山河，难道不久的将来会……屈原不敢再往下想。他感觉自己非常哀伤，为楚国而哀，为郢都而哀，为楚国山河而哀，为楚国百姓而哀。

屈原意识到自己从离开郢都南迁到今天已有9年多的时间了，如果君王能够听从自己的意见，或许楚国不会是这样的境况。那些旧贵族的官僚们，那些小人，是他们为了一己私利，进谗言，误君王，葬送了楚国。想到这里，屈原拖着沉重的腿来到路边的一块岩石旁，放下包袱，拿出毛笔和帛卷，写下了让他难忘的被迁江南的岁月。诗文如下：

皇天之不纯命兮，何百姓之震愆[1]？
民离散而相失兮，方仲春而东迁。
去故乡而就远兮，遵江夏以流亡。

①愆：音 qiān。

出国门而轸怀兮，甲之鼂吾以行[1]。
发郢都而去闾兮，荒忽其焉极？
楫齐扬以容与兮，哀见君而不再得。
望长楸而太息兮，涕淫淫其若霰[2]。
过夏首而西浮兮，顾龙门而不见。
心婵媛而伤怀兮，眇不知其所蹠[3]。
顺风波以从流兮，焉洋洋而为客。
凌阳侯之氾滥兮，忽翱翔之焉薄。
心絓结而不解兮，思蹇产而不释。
将运舟而下浮兮，上洞庭而下江。
去终古之所居兮，今逍遥而来东。
羌灵魂之欲归兮，何须臾而忘反。
背夏浦而西思兮，哀故都之日远。
登大坟以远望兮，聊以舒吾忧心。
哀州土之平乐兮，悲江介之遗风。
当陵阳之焉至兮，淼南渡之焉如[4]？
曾不知夏之为丘兮，孰两东门之可芜？
心不怡之长久兮，忧与愁其相接。

---

①轸：音 zhěn。鼂：音 zhāo。
②楸：音 qiū。
③婵媛：音 chán yuán。蹠：音 zhí。
④淼：音 miǎo。

惟郢路之辽远兮，江与夏之不可涉。
忽若去不信兮，至今九年而不复。
惨郁郁而不通兮，蹇侘傺而含戚[①]。

外承欢之汋约兮，谌荏弱而难持[②]。
忠湛湛而愿进兮，妒被离而障之。
尧舜之抗行兮，瞭杳杳而薄天[③]。
众谗人之嫉妒兮，被以不慈之伪名。
憎愠惀之修美兮，好夫人之慷慨[④]。
众踥蹀而日进兮，美超远而逾迈[⑤]。

乱曰：
曼余目以流观兮，冀一反之何时？
鸟飞反故乡兮，狐死必首丘。
信非吾罪而弃逐兮，何日夜而忘之？

这首诗被屈原题名为《哀郢》。在这首诗中，一开始屈原就指责上天，人民那么虔诚地祭祀你，为何还要让百姓遭受苦难。接下来屈原回

①侘傺：音 chà chì。
②汋：音 zhuó。荏：音 rěn。
③瞭：音 liǎo。杳：音 yǎo。
④憎：音 zēng。愠惀：音 wěn lún。
⑤踥蹀：音 qiè dié。

忆，在仲春时节（春季的第二个月）与离开郢都的人们一起向东迁移，顺着长江向东漂泊。离开了住处，离开了郢都，屈原非常悲伤，当时就已经意识到可能再也见不到君王了。坐在船上，郢都就这样远去，消失在自己的视野中，自己如此忠贞于国家，却成了被逐之客。而现在自己离郢都越来越远，作为逐臣将不可能再涉过长江回到郢都，真是不敢相信，自己被放逐已经有 9 年了。那些小人表面上装着美好强颜欢笑，只是为讨得君王的开心，哪里会为楚国着想。他们的内心却是那么懦弱，那么没有节操。那些忠心耿耿愿意为国家效劳的人，却因为他们的阻碍而不能见到君王。远古的唐尧和虞舜品行是那样美好，义薄云天，可那些小人嫉妒啊，竟然污蔑他们没有慈爱之心。而今小人们日益得宠于君王，贤臣却不断地被疏远。

这首诗的最后，屈原照例以“乱辞”作为总结，他说：“放眼观望四周，我何时才能再次回到郢都。人们常说鸟儿飞得再远终归要回到自己出生时的故巢，狐狸死时头一定会朝向自己出生时的丘陵。我确实没有任何罪过，却将我放逐，这让我须臾不能忘怀。”

屈原写完这首诗后，便继续向前赶路，他走得很慢，一股强烈的失落感涌上心头。之前他对于楚王召回自己还抱有一丝希望，可现在从他打听到的情况来看，这种希望真是太渺茫了。难道一生就这样无所作为了吗？那么活着还有什么意思呢？屈原想着。不，也许是我多虑了，山东各国或许能识破秦国的计谋，他们不会和秦国联合的，说不定合纵联盟能够再一次结成呢。屈原一边走路一边猜想着，这时天色渐渐暗了下来，他加快走了几步，希望能找到一户人家借宿。

借着星辰淡淡的光芒，屈原找到了一处农家院落，但并没有看见灯光，也许人家睡下了。屈原走到栅栏门前，喊了两声并没有人回应，于是他推开栅栏走了进去。小院里也是静静的，屈原又喊了两声仍旧是没有人答应。屈原慢慢地推开门走了进去，借着星光他看见屋内并没有人，只有几件简单的家具摆在那里，屈原困顿极了，很想休息一下。他顾不得那么多了，于是就在屋内角落的柴草堆上躺了下来。

第二天一早，一名少年开门走到院落里，似乎发现有什么不对，就推开屋门走了进去，发现一位陌生的老人躺在柴草堆里。

“你是谁？何以躺在我家屋子里？”少年问。

屈原微微睁开眼睛，看了一眼这位十三四岁的少年，赶忙起身向他解释。少年听完屈原的解释，非常同情这位爷爷辈分的老人，便回家去给屈原取些吃的东西。屈原问少年为什么这个院子他们不住了。少年告诉屈原，他们家搬到离市集较近的地方了，那样他的父亲方便去卖柴和猎物等东西，离这也不远，只有到江里打鱼的时候，他的父亲才偶尔在这个院子住。屈原环顾这个地方，有山有水，如少年所说不远处还有市集，而向南离长沙也不是很远，真是一个不错的地方。

屈原问少年上学没，少年摇摇头；屈原问少年想不想学习，少年点了点头。于是屈原教少年自己很早之前写过的那篇《橘颂》，屈原吟诵一句，少年跟着吟诵一句，少年学得很快，不一会儿就能将整首诗背诵了。少年对于这朗朗上口的句子感觉很新鲜，橘树他是经常见到的，但他从来没有听到过用这么美丽这么齐整的语言讲橘树，于是欢跳着离开了。屈原并没有打算离开，他不知道自己该去什么地方，况且自己的身体最近十分不好，在此养养身体也是挺好的。

不一会儿，少年拉着一个大人的手走了进

来，这个人是少年的父亲。“方才小儿回到家中，口中吟诵着这动听的歌谣，一问才知道是先生所教，小人特来拜谢。”一进门少年的父亲就说着。屈原起身回礼，把自己因何睡在庭院，向少年的父亲做了解释，并且告诉少年的父亲，自己有在他们这个院子住上一段时期的想法。少年的父亲没有丝毫迟疑就答应了。他也相求屈原，希望有空的时候教他的儿子诵诵诗、识识字，屈原也微笑着答应了。屈原的包裹里一向少有吃的东西，少有银子钱财，但他写过的每一首诗赋，以及当初起草修改后的法令却一直背着，这是他 30 多年来的心灵路程的写照，也是他的精神寄托。

接下来的一段岁月，屈原与这位少年成了很好的朋友。每当少年帮着父母干完活后，都会来找屈原诵诗和识字。有时候是在上午，有时候是在下午，时间不是很固定。但是他很勤奋，进步得很快。少年时常也会拉着其他伙伴来学，所以偶尔能听到院子里阵阵响亮的吟诗声，有时也会传出爽朗的欢笑声。往日这个平静的近乎荒掉的小院如今焕发出勃勃的生机。有时空闲了，渔人们、农人们也会到小院里来，他们也学习屈原的诗，听屈原讲述楚国的历史和故事。这样日子久了，他们对屈原的了解也逐渐多起来，知道了眼前这位瘦弱的老者，就是曾经为使楚国富强而力主变法的左徒；知道了他是被小人谗害，贬谪之后担任过教育楚国三姓贵族子弟的三闾大夫；知道了他被旧贵族们排挤，被君王放逐汉北，如今又被放逐到江南。人们对屈原的所作所为纷纷表示钦佩，对于他的遭遇又无不同情动容，因而屈原的诗在当地很快传播开来。

一晃儿屈原在这个离湘江不远的小院生活已经快两年了。一天，少年的父亲来小院取渔网、木桶，准备到江上打鱼，并说过两天要去长沙卖些东西，问屈原要不要捎带什么。屈原并没有什么可捎带的，如有可能的话他希望少年的父亲能为他打听一下有关郢都以及列国局势的消息。少年的父亲很爽快地答应了。

少年的父亲走后，院里就只有屈原一个人了。少年没有来，有可能随父亲一起去打鱼了。屈原呆呆地坐在那里，他回想起自涉过资水以来的这段生活，于是他起身回到屋里，拿出帛书、毛笔，写下了《怀沙》一诗。诗文内容如下：

滔滔孟夏兮，草木莽莽。

伤怀永哀兮，汩徂南土[1]。
眴兮杳杳，孔静幽默[2]。
郁结纡轸兮，离慜而长鞠[3]。
抚情效志兮，冤屈而自抑。

刓方以为圜兮，常度未替[4]。
易初本迪兮，君子所鄙。
章画志墨兮，前图未改。
内厚质正兮，大人所盛。
巧倕不斲兮，孰察其揆正[5]。

玄文处幽兮，矇瞍谓之不章[6]。
离娄微睇兮，瞽以为无明[7]。
变白以为黑兮，倒上以为下。
凤皇在笯兮，鸡鹜翔舞[8]。
同糅玉石兮，一概而相量。

---

①汩：音 yù。
②眴：音 shùn。
③鞠：音 jū。
④刓：音 wán。
⑤斲：音 zhuó。
⑥矇瞍：音 méng sǒu。
⑦睇：音 dì。瞽：音 gǔ。
⑧笯：音 nú。鹜：音 wù。

夫惟党人鄙固兮，羌不知余之所臧。
任重载盛兮，陷滞而不济。
怀瑾握瑜兮，穷不知所示。
邑犬之群吠兮，吠所怪也。
非俊疑杰兮，固庸态也。
文质疏内兮，众不知余之异采。
材朴委积兮，莫知余之所有。

重仁袭义兮，谨厚以为丰。
重华不可遌兮，孰知余之从容[①]！
古固有不并兮，岂知其何故？
汤禹久远兮，邈而不可慕。
惩连改忿兮，抑心而自强。
离闵而不迁兮，愿志之有像。
进路北次兮，日昧昧其将暮。
舒忧娱哀兮，限之以大故。

乱曰：
浩浩沅湘，分流汩兮。
脩路幽蔽，道远忽兮。
怀质抱青，独无匹兮。

①遌：音 è。

伯乐既没，骥焉程兮[①]？
万民之生，各有所错兮。
定心广志，余何畏惧兮？
曾伤爰哀，永叹喟兮。
世溷浊莫吾知，人心不可谓兮。
知死不可让，愿勿爱兮。
明告君子，吾将以为类兮。

这首诗的大意是：盛夏时节，草木郁郁葱葱非常茂盛。长久的哀思使我内心非常痛苦，在这南方的土地上焦虑地行走着。这里山高林深，幽幽暗暗的，四周很是沉静。内心的郁结使我非常悲伤，遭逢忧患后，就长期承受着这种煎熬。我只能自己安抚情绪明确志向，虽遭受冤屈，也要努力克服承担。我坚持我做人行事的原则，绝不会毫无法度圆滑行事。轻易改变自己的初心，这是君子所不齿的。浓黑的翰墨与绚采的图画记载着我鲜明的志向，我循此行事从未改变。我内心敦厚，品质纯正，这是有德行的人所称赞的。工匠的技艺再巧妙，如果不动斧头，谁又能知道他的技艺？绚丽的纹理如果处在黑暗中，盲人看不

①骥：音 jì。

见也会说不鲜明。社会黑白不分，上下颠倒，将凤凰关进笼子，鸡鸭在那里翩翩起舞。宝玉和石头混杂在一起，不分贵贱，等价视之。那些小人鄙陋浅薄，根本不知道我胸中的抱负。对于使楚国走向强盛本来就使我感到任重道远，现在我遭逢忧患就更加无能为力了。这一身的才华贤德不知道该向谁展示。乡村中的狗整天成群乱叫，只要是它们感到奇怪。他们不是俊才，然后就怀疑所有的人都不是，这本来就是庸人的陋见。我的内心是如此的纯正，才华是如此的出众，他们却视而不见。我重视仁德承袭道义，谨慎忠厚。只是像大舜这样的君主不可能再有了，已没有人赏识我的才华气度。自古以来圣君与贤臣就难以并时，谁知道这其中的原因呢。像夏禹、商汤这样的贤君已经远去，只能私下里羡慕，而不可能再求得。我只能自己控制内心的悲愤，抑制伤心使自己变得更强大。即使遭逢这忧患也不会改变志向与气节，要为后世留下一个好的榜样。先前我一直着急赶路，日头渐渐地向西倾斜了。写下这篇诗歌以舒缓我内心的忧愁啊，我知道自己离大去之日已经不远了。

这首诗的最后，屈原同样以“乱辞”作总

结，他说道："浩浩荡荡的沅江与湘江啊，它们各自急速地流淌着。幽晦的道路是那样长远，前途是那样的迷茫。我这样长时间的哀叹悲伤，世上已经没有我的知己，也无须向任何人倾吐内心。世上已经没有伯乐了，即使是自己的品质再好，也已经没有人赏识了。每个人都有自己的人生，每个人也都有各自的人生安排。我坚持自己的人生志向，不畏惧任何势力和外力。但这无休止的哀伤，使我长久地叹息，世道如此浑浊不堪，自己也无须向别人倾诉。死亡是谁都无法逃避的，我敢于正视它，不隐蔽这一问题。我要向那些行事光明磊落的君子说，我将永远同他们站在一起。"

从这首诗中明显可以看出，这一时期的屈原想到了死亡。这是他对楚国统治者失望透顶的表现，他对于楚国政治已经不再抱有任何希望。

一连几天屈原都显得无精打采。上午少年过来看到屈原这般状态，问他是不是病了，屈原摇头。附近的乡邻听说后也都纷纷拿些吃的东西来看望屈原，屈原一一谢过。他把少年叫过来，问他的父亲去长沙何时能够回来，少年说已经去了一天多了，应该就快回来了。

傍晚时分，少年的父亲从长沙回来了，他没有先回自己家而是直接来到小院找屈原。屈原赶忙招呼他，两人围着松油灯坐下。少年的父亲说，他在长沙市集上卖完猎物后，就四处询问哪里有从郢都来的人，结果很不好找，最后他去了一家驿店，向掌柜的打听，结果真有从郢都来的客人。经掌柜的引导，得以见到了那位从郢都来的人。询问之后更巧的是，那是一位买卖漆器的商人，他经常和贵族官员们来往，对于郢都和列国的消息知道得很多。漆器商人说，从去年开始（楚顷襄王十四年，公元前 285 年）秦王就开始四处与各国缔结和亲，听说与我们大王在宛地（今河南省南阳市）相会并结了和亲，赵国、魏国等国也都和秦国结了和亲，目的就是要对付齐国。果然就在去年，秦国派军队攻打齐国，听说占领了九座城池。近来几个月听说秦国又实施老办法，与韩国、燕国会盟，谋划再次进攻齐国，齐国怕是要亡国了。

当少年的父亲将漆器商人的话转述给屈原的时候，屈原明白他最担心的事情还是发生了。屈原微微地叹了口气，他知道若依这样的形势发展下去，距离秦国统一各国的时日不远了。少年的父亲向他告别回家了，屈原显得很迷茫，但又若有所思。第二天，少年来找屈原的时候，他正在收拾行李，眼睛泛着血丝，显然昨天晚上他睡得并不好。见少年来了，屈原忙招呼他，给他说了自己要走的想法，并把之前写的那篇《橘颂》赠送给了他。少年问他要到哪里去，屈原告诉他，他想要回郢都面见楚王，做最后一次挽救楚国的努力，即使违背律法被处死，亦无怨无悔。

少年看着眼前这位瘦弱的老人，很受感动。他不知道该怎样劝说和挽留屈原，但内心充满了对屈原的敬意，他能感受到屈原对于国家的那种强烈的爱。他让屈原等会儿，回家为屈原取一些吃的。当少年回来的时候，他的伙伴们，以及三三五五的乡邻们也跟着来了。他们来为屈原送行，同时也带来许多吃的东西。屈原很受感动，拿了其中的一些，向他们稽首表示感谢。随后屈原的背影慢慢地消失在人们的视野之中。当地的人们不曾想到，屈原这一去竟是与他们的永别。

屈原沿着湘江一路向北，他想从洞庭湖出长江，然后逆长江向西回郢都。可是屈原的身体太差了，他走得很慢。

在离开那个小院大半年后，屈原前行的道路

被一条大江挡住了，这条江就是湘江最大的支流汨罗江。

东西流向的汨罗江挡住了他继续北上的道路，这似乎是种天意。此时已进入夏季，雨水很多，望着眼前的滔滔江水，自身的困顿、疲惫以及长久的忧虑杂糅在一起，屈原忧愁于如何渡过这条江去。他坐在江滨的石头上稍稍歇息，距离少年父亲带回消息已过去大半年了，恐怕秦国的计谋早已得逞了。

屈原的分析一点没错，去年少年的父亲带给他的消息也确实都是实情。就是在去年（公元前284年，楚顷襄王十五年），秦国在完成与其他各国的会盟和亲后，就联合韩国、赵国、魏国、燕国一同进攻齐国，各国尽派精锐之师，在济西打败齐军。燕国将军乐毅攻进齐国都城临淄，齐湣王逃亡莒地。

屈原知道列国的政治已经病入膏肓，被秦国统一只是时间问题。他考虑到即使自己现在回到郢都，楚王也未必会听从自己的策略，即使听从也为时已晚，自己何必回去再见那些小人呢。于是屈原改变了主意，他不再坚持北上回郢都，而是改道沿着汨罗江向东走。这时一阵莫名的空虚感涌上心头，屈原想着既然楚国已经无法挽救，不久就会灭亡，这也意味着自己今生从政为国的理想抱负将随之化为泡影，那么活着还有什么意义呢？他回想起当年父亲根据他的生辰，为他取下那饱含期望的、富有政治意味的名字，对屈原的影响非常大，可以说是为屈原以后的从政打下了一个信念的铺垫。而今这个理想注定不会再有任何一丝实现的希望了，那么自己的生命价值因此也就变得没有意义了。

屈原回想起历史上那些让他钦佩的贤臣彭咸、比干、伯夷、介子推，他们是那样的正直，对君王是那样的忠诚，最后都以悲剧的形式结束了自己的一生。对于死自己有什么可怕的呢？屈原抬头看了看天，日头渐渐接近地平线了，他不想再胡思乱想，天就要黑了。还是先去找个能借宿的人家，歇息一下。汨罗江沿江附近的渔民并不是很多，走了很远屈原才找到了一家，天已经很黑了，循着微弱的光，他走了过去。

屈原敲了几下门，开门的是一位年龄如同他一般的老者，屈原向他表明了来历，并且简单介绍了自己。老者听说过屈原，知道他当年任楚国左徒力主变法强国的事迹，只是他很难想象眼前这位憔悴沧桑的老者就是当年的左徒，一股强烈的同情心涌上了心头，他赶忙为屈原准备饭菜。

屈原吃过饭后，两人畅谈了许久。老者说自己曾在鄂地做过官员，因看不惯世道的杀伐纷争，隐居在此地已经很多年了。他劝屈原在此地居住下来，这里环境安静，水土又好，屈原只是摇头。老者走后，屈原在油灯旁坐了许久，他回忆起往事。年轻时，君王曾是那样的信任他，他们一起变法图强，废除楚国的旧制度，扫除弊端。自己未曾改变理想、志向与人格，现在却落到如此境地，这都是那些小人、旧贵族蒙蔽了君王，阻挡了忠臣进谏的道路。可现在朝廷的权力不还是被那些小人把持着吗？这让他感到非常绝望，他甚至在想自己这样活着到底还有什么意义。历历往事再次浮现在眼前，起草法令，奉命变革，还有小人们的谗毁。如今自己年老体衰，身处南荒之野，对自己的国家，已无力、无望再贡献什么了。他痛恨那些误国的小人，痛惜君王的不明智，但也想起了历史上那些与自己一样有不幸遭遇的人。屈原越想越激动，于是拿起笔来，记下了这些。诗文这样写道：

惜往日之曾信兮，受命诏以昭时。

奉先功以照下兮，明法度之嫌疑。
国富强而法立兮，属贞臣而日娭。
秘密事之载心兮，虽过失犹弗治。
心纯庬而不泄兮，遭谗人而嫉之[1]。
君含怒而待臣兮，不清澄其然否。
蔽晦君之聪明兮，虚惑误又以欺。
弗参验以考实兮，远迁臣而弗思。
信谗谀之溷浊兮，盛气志而过之。
何贞臣之无罪兮，被离谤而见尤。
惭光景之诚信兮，身幽隐而备之。
临沅湘之玄渊兮，遂自忍而沈流。
卒没身而绝名兮，惜壅君之不昭[2]。
君无度而弗察兮，使芳草为薮幽[3]。
焉舒情而抽信兮，恬死亡而不聊。
独障壅而蔽隐兮，使贞臣为无由。

闻百里之为虏兮，伊尹烹于庖厨。
吕望屠于朝歌兮，宁戚歌而饭牛。
不逢汤武与桓缪兮，世孰云而知之。

---

①庬：音 méng。
②壅：音 yōng。
③薮：音 sǒu。

吴信谗而弗味兮，子胥死而后忧。
介子忠而立枯兮，文君寤而追求①。
封介山而为之禁兮，报大德之优游。
思久故之亲身兮，因缟素而哭之。
或忠信而死节兮，或訑谩而不疑②。
弗省察而按实兮，听谗人之虚辞。
芳与泽其杂糅兮，孰申旦而别之？
何芳草之早殀兮，微霜降而下戒。
谅聪不明而蔽壅兮，使谗谀而日得。
自前世之嫉贤兮，谓蕙若其不可佩。
妒佳冶之芬芳兮，嫫母姣而自好③。
虽有西施之美容兮，谗妒入以自代。
愿陈情以白行兮，得罪过之不意。
情冤见之日明兮，如列宿之错置。
乘骐骥而驰骋兮，无辔衔而自载④。
乘氾泭以下流兮，无舟楫而自备。
背法度而心治兮，辟与此其无异。
宁溘死而流亡兮，恐祸殃之有再。

①寤：音 wù。
②訑谩：音 yí màn。
③嫫：音 mó。
④骐骥：音 qí jì。辔衔：音 pèi xián。

不毕辞而赴渊兮，惜壅君之不识。

这是屈原创作的最后一首诗歌，大意是说：遥想往昔，我是那样受怀王的信任，接受怀王的命令起草法令，以使国家清明。奉行先王的德行功业引领天下，修明并不健全的楚国法令。我希望国家能够法制健全，繁荣昌盛，君王把国家政务交给忠臣，而自己可以清闲自在。当初君王与我商议那件机密的事，我把它牢牢记在心上，即使偶有过失，君王也不会责怪我。但我守口如瓶，不曾泄露半点变革之事，却遭到了小人的嫉恨、谗害。君王不弄清楚事实真相，直接迁怒我将我疏远。反倒是那些小人遮蔽了君王的视听，颠倒是非，欺骗君王。君王却不详细考证清楚，竟然不假思索地将我疏远。君王相信小人的谗言，已不再清明，盛怒之下将我惩罚。我一直忠贞不贰，这样遭受惩罚，是那样无辜，因遭遇小人的诽谤，才会逢此忧患。感慨我那如阳光般的信美品质，即使身处这荒僻之地，仍然不曾丢失。

如今我身临这湘流江边，真想沉身于这湘流之中，使自己的身体名字，从此在世上消失，但让我唯一担心的是，君王被惑言蒙蔽着，不能够清明。君王毫无原则，不明察秋毫，使得一些好人白白被遮蔽。我这样抒发情感，表明自己的诚信，只是为了使自己之后能够安心地死去，不再苟且地活着。小人们在君王面前形成一种障碍，忠贞的臣子根本没有途径接近君王。

我听说百里奚曾经是个奴隶，伊尹曾是个厨子。吕望曾是位杀牛的屠夫，宁戚[①]在齐国曾经就是一位喂牛的。这几位如果不是遇到商汤、周武王、齐桓公、秦穆公，世人谁会认识他们呢？吴王夫差听信太宰嚭的谗言，不去体会伍子胥的忠心，在杀死子胥后，不久就被越国灭亡。

---

①百里奚，春秋时期人，原是虞国大夫，在虞国与晋国的战争中被俘虏，晋献公以奴隶的身份把他当作自己女儿的陪嫁品送给了秦国。后来他逃离秦国，被楚国人抓住。秦穆公知道他的才能后，以五张羊皮把他赎了回来，辅佐自己，遂成霸业。伊尹，夏末商初时人，从小善于烹饪，商汤发现他有大才，后辅佐商汤，打败夏桀。吕望，即姜子牙，西周开国的重臣。在朝歌曾是一名屠夫，年老时，在渭水之滨钓鱼，周文王发现了他，后辅佐周武王打败商纣王。宁戚，春秋时期卫国人，宁戚在齐国只是一位喂牛的小人，一次齐桓公夜出，宁戚正在喂牛看见了桓公，于是就敲着牛角唱歌，唱自己怀有大才，可惜没有明君相遇，齐桓公听出了他的意思，就招他为客卿。

介子推[1]对晋文公忠心耿耿，最后抱树被烧死，晋文公过后才恍然醒悟。封绵山为介山，禁止任何人进山采伐，以回报介子推的恩德。想起了以前自己的亲随同伴，穿上洁白的丧服痛哭流涕。有的人忠贞诚信为自己的节操而死，有的人欺诈奸邪却不受怀疑。这全是因为君王不去省视考察按事实处理，而是听信小人的虚妄之辞。芳草与腥臭混同在一起，谁又能去认真地辨别呢。

为什么芳草会早早地枯萎，是因为微霜初降的时候没有做好警戒。君王既不聪慧也不明智，容易受到蒙蔽，使得那些进谗言者渐渐得势。自古以来，那些嫉妒贤才的人，说蕙若这样的香草不可以为佩。他们嫉妒那些佳丽的芳美，认为嫫

---

①介子推，春秋时期晋国的贤臣。晋文公没当政时，遭到了晋献公宠妃骊姬的谗害，不得已逃离晋国，流亡达十余年，介子推一直陪伴。最后晋文公终于回到晋国为君，这时大家都争相邀功受赏，唯独介子推带着自己的母亲归隐到绵山之中。后来晋文公终于想起了介子推，并为自己的忘恩负义感到羞愧。于是派人去找，才知道介子推已归隐到绵山，晋文公带领人马到绵山去找，但绵山广大，哪里容易找到，竟听信小人之言，放火烧山，希望以此逼出介子推。但直到大火熄灭也没见介子推出来，最后在烧焦的柳树旁见到了介子推及其母亲的尸骨。

母这样丑陋的女人姣好可爱。即使有西施这般美丽的容貌，也会遭他们的谗害，让一些丑恶的人来取代。

我希望陈述自己的内心，表白自己的行为，想不到却因此而获罪。光天化日之下竟遭此冤情，这冤情是如此鲜明啊，就如同天上的星宿各有各的位置那样。骑着骏马驰骋飞奔，却没有缰绳任其自由奔跑。乘坐竹筏顺流而下，没有楫桨而任其漂流。违背法度而完全凭着自己的喜好治理国家，与这些能有什么区别。我宁愿沉江而死，随流水而去，也不忍心再看国家遭逢祸患。现在我想要说的话虽然还没有完，但已经想着赶赴那深渊去了，只是痛惜君王受到小人的蒙蔽，仍旧不明白我的良苦用心。

在这首诗中，屈原一开始回忆了当年他受君王之命，起草法令，准备变法的事情。他憧憬着法令实施之后，楚国国家强盛，大臣忠贞贤明，君王便可以高枕无忧，因而屈原对法令的草拟很重视，不敢泄露半点信息。但是旧贵族是不希望变法的，因为这涉及对他们爵位、俸禄还有对奴隶拥有权的制约，为了一己私利，他们百般阻挠变法，谗毁屈原，且君王又不分是非，就将屈原疏远了。一名忠臣本没有什么罪过，只因谗佞小人的几句诽谤之言，就这样被君王逐出朝野。屈原怨恨君王的是非不分，这样的君王根本无法和以前的圣王相媲美。以前的圣王对于贤才是那样的求之若渴，别说是身边已有的贤臣，就是隐蔽在乡野的贤才，他们都会访寻出来，设法请到自己的朝廷。

屈原想到了这些为小人所害的忠臣，他感同身受，情不自禁涕下数行。他认为这个时代就是一个是非不分、美丑不分的时代，骑马不用缰绳，划船不用船桨，完全背离章法，全凭心治。自己也无须留恋，宁愿赴江而死随江流逝，也不愿看到国家因这些小人的无知而再次受到殃祸。

写完这首诗后，屈原就睡下了。第二天，附近的渔人听闻有一位放逐老者来到这里，都纷纷过来看望屈原，当屈原向他们讲起一些往事时，人人都唏嘘感叹。他们劝屈原留在当地和他们一起生活，屈原只是用微笑作为回应。

夏日的热浪一天胜过一天，雨水也一天多过一天，汨罗江的江水也越发丰沛、清澈。夏历五月初五的这天，天气晴朗，屈原醒来后收拾他的行囊，他用绳子把自己以前写作的所有诗赋作品连同早年起草的法令捆在了一起，之后换上了在长沙渡口时郢都织坊商人送给他的那件新衣裳，佩带好他的玉佩，招来那位老者，把他的所有诗赋赠予了他，除此之外，他的行囊中也没有别的什么东西了。老者对屈原的举动感到非常奇怪，他问屈原做什么，屈原只是说他要走了。他让老者赶紧去忙自己的事情，不用管他，老者半信半疑地离开了。

屈原独自来到了汨罗江边，沿江慢慢地走着，若有所思，走了一段时间，他停了下来坐在离江边不远的一块岩石上，将包袱放在一边。突然，他向江边走去，步伐坚定，行至江边毫无迟疑地纵身一跃，跳入了浩瀚的汨罗江。那是一声巨响，震荡了中国历史。

老者似乎也感觉到了什么不对，于是沿路寻找屈原，但最后看到的，只是屈原放在离汨罗江不远的那个包袱。

屈原死后，当地的百姓痛惜不已，在老者的带领下，他们纷纷向汨罗江中投掷糯米，希望此举能够保全屈原的尸首。之后每年的这一天，人们都会举行一些活动来悼念屈原。这一习俗一直延续至今，这一天就是端午节。

战国末期楚国沅湘之地，人们因有感于屈原的人格事迹，屈原所留下的诗篇在那里迅速传播开来。一百多年后，西汉青年才俊贾谊被贬谪到长沙，经过湘江时，在当地仍能听闻到屈原的诗赋及其相关事迹。贾谊对屈原的为人很感慨，于是创作了《吊屈原赋》，以悼念屈原。

屈原之后，楚国再也没有出现像他这样敢于直谏、敢于担当、至死不渝的忠贞臣子。也正如屈原所预料的，短短的几十年后楚国被秦所灭。公元前 221 年，秦国消灭齐国后，完成了统一六国的大业。

因为屈原长期被流放在外，足迹遍布楚国汉北、江南大部分地区，这得以使其精神、事迹、诗赋在楚国的这些地方流传。因而从一定程度上说楚国民间一直流传着那种积极进取，顽强奋斗，敢于担当的脊梁一般的精神。这种精神与楚民族早期艰苦创业、兴国时期所奉行的精神是一脉相承的。虽然楚国灭亡，但这样的精神不灭，仍会有再次兴起的那一天，楚地民间流行的那句话“楚虽三户，亡秦必楚”。当秦王嬴政过世后不久，各地起义不断涌现，起义军实力最为强劲者，正是由楚人项羽领导的楚军。公元前 206 年，

楚地起义军攻进秦都咸阳，最后亡秦者，也正是楚人。

农历五月初五的端午节，已成为我们国家的一个非常重要的节日。用一个节日来纪念一位伟人，这是绝无仅有的。除此之外，湖北、湖南等地还有屈原祠、屈原庙，屈原的事迹及其精神会永远传承下去。这位忠贞的臣子，这位被谗害的臣子，这位被楚国君王一直打压的臣子，历史最终还给了他清白。

第四章
诗赋壮采　泽及千载

屈原去世之后，他的诗赋最先在他放逐过、生活过的地方流传。因为屈原是被楚国君王放逐在外的，所以他的诗赋最初不曾在郢都流传。当楚国灭亡，秦国一统天下后，秦始皇采用丞相李斯的建议"焚书坑儒"，除去秦国本国的史书、医药、卜筮、农业之类的书籍，以及秦国博士所藏有的书籍外，天下所有的诗、史书、子书等各类书籍全部烧毁。屈原作为力主联齐反秦的政治家，秦国当然不会允许有他的诗赋存在。因此在西汉之前，屈原的诗赋不但没有官方的成书，还遭到了进一步的毁坏。

值得庆幸的是，在屈原流放所经之地，人们有感于屈原的爱国事迹及其人格精神，大都能将他的诗赋背诵下来，这对之后屈原诗赋的收集整理是一种强有力的保障。到了西汉初期，先是地方的藩王喜好辞赋，辞章华美的屈原诗赋当然获得了他们的喜爱。接着这种喜好辞赋的风气渐渐向西汉统治中心转移，尤其是到西汉武帝时期，辞赋可谓风靡一时，屈原的诗赋被推崇到一个很高的地位。他们召唤那些能够背诵屈原诗赋的人入朝背诵，比如像朱买臣、严助、九江被公等人，然后加以整理，并使通晓辞赋的人才为之作传，这样屈原的诗赋在西汉渐渐流传开来。因为屈原是楚国人，他的诗赋文辞又鲜明地体现着楚国的名物、地域，并且带有明显的楚国辞调色彩，因而当时人统称之为楚辞。到西汉成帝时，由光禄大夫刘向辑成《楚辞》一书，这本书包含屈原所有的诗赋作品，即《离骚》《九歌》（包含十一篇：《东皇太一》《东君》《湘君》《湘夫人》《大司命》《少司命》《云中君》《山鬼》《河伯》《国殇》《礼魂》）《天问》《九章》（包含九篇：《橘颂》《惜诵》《抽思》《思美人》《涉江》《哀郢》《怀沙》《悲回风》《惜往日》）《卜居》《渔父》以及《招魂》。除此之外还包括宋玉《九辩》，以及西汉士人仿拟屈原作品而写的一些诗篇。虽然这不是一部纯粹的屈原作品集，但对屈原的作品来说，毕竟是一次系统的整合。

从此之后，随着《楚辞》的流传，屈原的作品在后世传播开来，不论是从文辞上还是从精神上对后世都产生了极为深远的影响，恩泽于我们的民族。从文辞来说，以屈原作品为主体的《楚辞》与《诗经》并列，成为我国诗赋发展的两大重要源头，得以使后世文人学习仿效；从精神上来说，屈原精神能够凝聚我们国家、民族的认同感，能够唤醒我们的爱国热情，尤其是当国家有难、民族危亡的时刻，屈原那种爱国精神，那种敢于担当、明知不可为而为之的九死不悔的脊梁精神总会迸发出来，支撑我们民族、国家继续奋斗。

担　当

人们一提到屈原，闪现在脑海中的印象，大约有两点：一是爱国忠臣，一是诗人。屈原的思想人格与文学创作，对我们民族精神、人格精神，对我们的文学都产生了很大的影响。甚至将屈原与孔子并列，作为我们民族文化的代表，为世界所熟知。

屈原作为我国先秦时期的士大夫、诗人，进入后世历史的视野，更多的是因西汉史官司马迁

的《史记》。《史记》是我国第一部纪传体通史，司马迁写作《史记》改变了以往史书以时间为纲的写作模式，变为以人物为中心，通过围绕人物事迹的写作展开对历史事件的串联。屈原被司马迁写入《史记》的人物“列传”之中，这使得屈原的事迹第一次较为完整地展现在世人面前，为后世了解这位忠臣、诗人打开了一扇窗口。

屈原一生创作的作品数量不是很多，但都称得上是精品。作品的题材内容丰富，有抒情的、有阐释政治学理的、有记叙行踪的，还有改作的一些祭祀仪式乐歌，在屈原史料稀少的当下，屈原的作品无疑是我们了解这位忠臣、诗人最好的文献。这些作品不仅能够反映出屈原的人生轨迹，而且也展现出了屈原一些高贵的品质与不朽的精神，其中《离骚》最为集中地表现出了屈原作为士大夫的担当意识。

《离骚》是屈原的代表作品，也是我国诗歌史上最伟大的诗篇之一。这首长诗是最能反映屈原心路历程的诗篇。《离骚》向我们透露出，屈原在遭遇迫害之后，楚国已不可能再有实现美政的土壤之后，想要离开楚国，又不忍离开的那种两难选择与矛盾，那种令人纠结的痛苦。而恰恰是这种矛盾、痛苦，展现出了屈原可贵的九死不悔的担当精神，同时也成就了《离骚》的伟大，决定了她心灵史诗般的崇高地位。

屈原青年时期便立志从政为国，他希望能带领楚国复兴昔日的辉煌，如他所说：“乘骐骥以驰骋兮，来吾导夫先路。”正当屈原向着这个理想，努力迈进的时候，却遭到了结党营私的旧贵族的迫害。屈原说道：

> **惟夫党人之偷乐兮，路幽昧以险隘。岂余身之惮殃兮，恐皇舆之败绩。**

党人，指的就是那些妄图苟且偷生的旧贵族，他们关心的只是自己的利益，自己能否享乐，从不在乎国家与民族的安危与未来。他们多是些无能的人，凭着先祖的功德，世袭着爵位和俸禄，过着不劳而获的生活。在战国征战激烈，各国争相发展的历史背景下，他们无疑是国家的累赘和负担。这也是屈原为什么主张变法改革的原因所在，但显然这会与旧贵族产生矛盾与斗争，因此在从政的道路上才会“幽昧”与“险隘”。但屈原是不畏惧这些的，他敢于同旧贵族做必要的斗争，屈原这样做并不是为了自己的利益，为自己在楚国朝廷中争得一个安定的仕途环境，而是害怕国家因此而走向衰亡，即他所说的“恐皇舆之败绩”。这其实就是屈原身怀忧患意识的表现，是其担当精神的表现，他非常了解那个动乱的毫无任何诚信礼法可言的时代，国家落后不发展，将会有怎样的后果。

但可悲的是在与旧贵族的斗争中，楚王竟相信小人对屈原的谗害之言，却不听屈原辩说。如屈原所说：

荃不察余之中情兮，反信谗而齎怒①。

屈原非常不甘心，内心因此也对君王产生埋怨。变法改革之事，明明是和楚王商定好的，如今君王却因小人的几句谗言而将自己疏远。对于君王的这种不坚定，也使屈原很伤心。于是在诗篇中对于小人的丑态进行了一系列的揭露。

众皆竞进以贪婪兮，凭不厌乎求索。羌内恕己以量人兮，各兴心而嫉妒。

这里的“众”指的就是那些贪婪的旧贵族，

---

①荃：音 quán。齎：音 jì。

他们永远不满足于一己之所得，为私利而贪得无厌。并且以小人之心度君子之腹，他们自己贪婪，就想着别人也会如此这般。对此，屈原的态度是坚定的。

宁溘死以流亡兮，余不忍为此态也。

即是说，自己即使是死，也绝不会如同贪婪的小人这样，整日沉溺于私利的争夺，做一些毫无人格，且不利于国家的事情。

显然与旧贵族之间的矛盾，且被君王疏远，使得屈原的美政理想很难在楚国实现，甚至是他自身的生命也遭到了旧贵族势力的威胁。先前楚悼王时期的吴起，就曾因为变法损害了旧贵族的利益，在楚悼王的葬礼上被乱箭射杀。

与屈原关系很好的巫师女媭曾责备屈原，要他改变自己正直的性格与忠贞的节操，与那些旧贵族打成一片，这样他便能在楚国朝政上继续待下去。

女媭之婵媛兮，申申其詈余①，曰：鲧

---

①媭：音 xū。詈：音 lì。

婞直以亡身兮，终然殀乎羽之野①。

汝何博謇而好修兮，纷独有此姱节②。薋菉葹以盈室兮，判独离而不服③。

众不可户说兮，孰云察余之中情？世并举而好朋兮，夫何茕独而不予听④！

女嬃以鲧正直却因此而亡身的例子，劝说屈原不要太正直。鲧是上古时治水英雄大禹的父亲，是一位非常耿直的人。上古洪水泛滥时，尧找不到合适的治水之人，大臣们都推荐鲧，但鲧治水九年不成功，舜“令祝融杀鲧于羽郊”。女嬃告诉屈原这是一个暗淡的世道，由不得任何人保持正直与节操，周围全是黑暗的勾当，结党营私，没有人会欣赏高洁、中正。她希望屈原能够听从她的意见。

对于屈原来讲，他十分清楚，如果听从女嬃的意见，虽然可以使自己非常舒适地在楚国生活下去，但也意味着自己要放弃实现美政的理想，

---

①殀：音 yāo。

②謇：音 jiǎn。

③薋菉葹：音 cí lù shī。

④茕：音 qióng。

放弃自己的中正人格，而那样的话，他会眼睁睁看着自己的国家沉沦下去。是坚持还是放弃，这使他陷入了选择的矛盾之中。屈原回顾历史，向历史索要答案，他列举出历史上那些丢掉自己王位或者国家的君主，他们无一不是贪图享乐，且没有任何原则和理性精神的人，如夏朝暴君夏桀、商朝暴君商纣；而带领国家走向繁荣强盛的君主，又无一不是圣明且肯任用贤臣的人，如商汤、周文王、周武王。最后屈原得出：

夫孰非义而可用兮，孰非善而可服？

即是说不正义、不合道理的事情不可采纳；不美好、不纯正的事不可以依从。屈原由此坚定自己本初的理想和信念。显然，在小人当道，昏君为政的楚国，屈原已经不可能在这样一个环境中实现自己的美政理想了。若想继续自己的政治理想，就只能离开楚国。结合先秦历史来看，离开自己国家去别国从事政治活动，在战国时代是非常普遍的，也是非常流行的，尤其是那些战国纵横家们。但屈原对于自己是否离开楚国，是犹豫的，从《离骚》的结尾看：

> 陟升皇之赫戏兮，忽临睨夫旧乡[①]。仆夫悲余马怀兮，蜷局顾而不行。

即是说，在屈原终将离开的那一刻，是“旧乡”让他“蜷局顾而不行”，陷入了一种矛盾和纠结当中。这里让屈原纠结的原因是多方面的，但是最主要的因素无疑还是“旧乡”，即是自己的故国。这正好与《离骚》的第一句“帝高阳之苗裔”的身份相照应，屈原对于自己这种身份的认证，是坚定的，无法动摇的，这也可以说是一种民族根性意识的表现。

如果说《离骚》中，屈原的这种纠结与痛苦，可以看作是一种悲剧的话，那么屈原对于这种悲剧是主动的，是国家负我，君王负我；而我不负国家，不负君王的一种表现。为了自己的国家与民族，为了楚国的人民，屈原尽一己之力量，担当一己之责任，且一担到底，风雨无阻，不离不弃。

屈原诗篇中所透露出来的这种爱国精神、担当精神、忧患意识，在后世影响很大。每当我们的民族遭遇外族入侵，处在生死关头的时刻，世

---

①陟陞：音 zhì shēng。睨：音 nì。

人总会想起屈原，以屈原精神来勉励志士仁人去斗争。

正如大家都知道的，儒家文化强调道德、仁爱、诚信等品质，这对于我们民族的进步，社会的安定有着不可代替的积极意义。但儒家文化在封建时代有善变的一面，即所谓“天下有道则现，无道则隐” “达则兼济天下，穷则独善其身”。即是说，社会和平安定时，君王贤明时，我就出来为官；否则就归隐不问世间事。我自身顺利、通达时，会操心天下之事，人民之事；穷困时，则先管好自己之事。拥有这种思想虽然可以更好地安身避祸，保全自我，避免悲剧，但对于国家来讲，最希望看到的无疑还是在危难的时刻，能有志士仁人坚定地站出来。儒家士子，在和平年代是能指望上的，若在社会动乱，君王昏庸的社会，怕是人民再苦，民族再危亡，或许也指望不上他们。而屈原精神恰恰不同于此，不论社会怎样、不论君王怎样，不论自身遭遇到怎样的不幸与不公，屈原对于自己的责任从来没有任何的推脱，而是敢于担当，一担到底。屈原的这种九死不悔的爱国精神、担当精神，正可以弥补儒家文化的不足。而屈原精神的这种光辉，与他

的好修品质恰恰是密不可分的。

这种精神是可贵的，是永恒的，是一个想要复兴的民族，想要富强的民族必须具备的，是一种敢于担当的脊梁精神。鲁迅先生曾经说："我们从古以来，就有埋头苦干的人，有拼命硬干的人，有为民请命的人，有舍身求法的人……虽是等于为帝王将相作家谱的所谓'正史'，也往往掩不住他们的光耀，这就是中国的脊梁。"① 鲁迅虽然没有具体点出一些人的名字，但像屈原这样九死不悔，一心为国的人，显然算得上是中华民族的脊梁。

励　志

屈原的诗赋作品，在精神层面上，带给我们民族的优秀品质是非常多的，既有国家层面的、政治层面的；也有个体人格层面的。并且屈原诗赋作品中所呈现的人格精神、好修的品质、困境中矢志不渝的精神，可以说给我们树立了一个光辉的励志向上的榜样形象，哺育、陶冶着一代又

---

①见《鲁迅全集》第六卷，人民文学出版社，1982 年版，第 118 页。

一代国人的品质。

正如上文已经介绍，屈原出生在一个非常美好的时辰，寅年寅月寅日。依照当时楚国的习俗来看，在这样一个时辰出生的人，本身就具备一种内美的品质。但屈原并没有满足于此，而是在这样的一个基础上，不断地提高自己的修养、能力。正如他在《离骚》中所说："纷吾既有此内美兮，又重之以修能。"单凭这这一点就值得我们学习。因为人只有不断地提高自己、完善自己，才可以经得起大的困难和挫折，才可以在任何时候都能保持一种好的心态和精神面貌，才不会因困难或者是诱惑，或者是威胁而轻易改变自己的节操与志向，这样才会做到问心无愧。

屈原虽然在二十几岁的年龄就做到了楚国左徒的职位，但并没有因此骄傲自满，而是依然坚持好修以提升自己，正是因为内心有了那股强大的正气，所以他敢于同旧贵族做斗争，即使遭遇不幸，被免职流放，仍能做到不忘初心，不变节、不改志。即使在生命的最后，因看不到国家有任何复兴的希望而投汨罗江自尽，那也是一种主动地走向悲剧，而在这悲剧的背后，映射出的恰恰是担当到底的爱国精神、脊梁精神和不变

节、不改志的光辉品质。

屈原坚持正直，自身清白，不流俗，出淤泥而不染的品质也是值得后世学习的。在诗文中，这一点也被屈原反复提到，如在《离骚》中屈原说：

> 鸷鸟之不群兮，自前世而固然①。何方圆之能周兮，夫孰异道而相安。
>
> 屈心而抑志兮，忍尤而攘诟②。伏清白以死直兮，固前圣之所厚。

意思是说：性情专一的鸷鸟与一般的鸟是不合的，很早以来就是如此。方的东西与圆的东西怎么能够相吻合呢，志趣不同的人怎么能融洽地相处呢。内心委屈的我勉强压制着这种情绪，忍受着忧虑以及小人强加给我的罪名。我要坚持自身清白，哪怕为正道而死又如何，因为这本来就是为圣人所赞许的。

从这四句当中，可以看出屈原坚持自身清白与正直的那种决心，在他看来，似乎与那些流

---

①鸷：音 zhì。

②攘诟：音 rǎng gòu。

俗、异道天然地应该保持一种距离，哪怕是以自己的生命作为代价。因此在屈原这里，永远看不到变质从俗，看不到背叛。也许坚持正直、高洁，在一种安定并且公平的环境中是容易做到的，如果是在一个黑暗的环境中，在一个利欲熏心的环境中坚持，则不再是一件容易的事，这种不容易也早已被我国古人所看到，因此他们才有所谓“近朱者赤近墨者黑”的言论。这种言论有它的合理性，也确实是对社会事实的反映，但毫无疑问并不适合于屈原。

能更直观地反映屈原这种不同流合污品质的篇章，是他的《卜居》《渔父》两篇赋。《卜居》是屈原流放汉北时所作的一篇赋，屈原因为想不明白在那个是非颠倒的世道中，究竟应该怎样做，该何去何从，所以求当年的太卜郑詹伊为自己算上一卦。遗憾的是，郑詹伊最后竟然说“龟策诚不能知此事”。可知那是一个怎样的世道呢。

世混浊而不清，蝉翼为重，千钧为轻；
黄钟毁弃，瓦釜雷鸣；谗人高张，贤士无名。

这完全是一个是非颠倒的社会，丑恶的东西能被说成是美好的；而美好的则被认为是丑恶的。谗佞小人能得到君王的任用；有才华的贤士却默默无名。如此黑白颠倒的社会现实，是一眼就可以分明的，为什么郑詹伊却避而不答呢？这只能说明，在不讲仁德、礼乐废弛的战国时代，道德的底线已经彻底滑落，在那样一个时代，很难寻得道德上的知音。

屈原先后写到的郑詹伊和渔父二人，他们所表现出的价值观念，是很具有代表性的，是那个时代风气的反映。但就是在那样的一个社会环境中，屈原在没有知音可遇的情况下，仍能坚持自我内心的那份内美品质，无疑是难能可贵的。当时的那个社会环境如果可以看作是一个黑暗的夜空的话，屈原无疑是这夜空里一颗非常闪亮的星星。它持久地放着闪烁的光芒，不曾被什么遮挡、掩盖。

其实在早期刚被疏远时，屈原为三姓贵族子弟写作的《橘颂》中，通过借助对橘树的赞美，已经提出了许多希望贵族子弟学习的优秀品质。比如：受命不迁、纷缊宜修、独立不迁、横而不流、秉德无私等等。他的学生在当时学习的时候坚持得怎样，我们已经无法知道，但通过《离骚》中屈原比喻性的叙述，可以知道，最终他们大都没有坚持，抛弃了这些优秀品质。如《离骚》中屈原有两处比喻性的说明：

余既滋兰之九畹兮，又树蕙之百亩[①]。
畦留夷与揭车兮，杂杜衡与芳芷[②]。

冀枝叶之峻茂兮，愿俟时乎吾将刈[③]。
虽萎绝其亦何伤兮？哀众芳之芜秽。

屈原以滋兰树蕙来比喻自己教育学生，“冀枝叶之峻茂兮，愿俟时乎吾将刈”，即是自己希望兰、蕙能够长得茁壮繁茂，到时候自己就会有收获。这是屈原以此比喻他希望看到那些贵族子弟学生们能够树立优秀品质，学有所成，成为国家所需要的人才。从“虽萎绝其亦何伤兮？哀众芳之芜秽”句可以看出，即使学生们不能够成才，屈原对此可能也不会伤心，让他伤心的是，那些原本有志向的学生，变得污秽不堪，改变了自己的节操。反倒是屈原，这位受尽不公与磨难的人，一直在持守着那份纯真和美好。这样一位典范式的人物，是励志的，是值得我们每一个人

①畹：音 wǎn。
②畦：音 qí。
③刈：音 yì。

学习的，我们民族应当以拥有屈原这样的人物，而感到自豪与骄傲。

壮　美

在我国文学史上，《楚辞》和另外一部诗歌作品集《诗经》，并称为我国文学的两大源头，对于后世文学有着很大的影响。但是不论是从艺术形式上，还是从内容上，《楚辞》都有她独特的特点，与《诗经》之间的差异是明显的，二者是两种完全不同风格的作品。《楚辞》更多地吸收了神话因素以及楚国巫文化中所独有的艺术样式，因而表现为奇诡、想象大胆、色彩绚丽的特征。这些艺术特点与屈原幽怨、哀伤的情感相表里，使《楚辞》显得凄婉动人，悲壮而美丽。

从时代上讲，在《楚辞》前面，虽然有《诗经》这部经典的诗歌集，但《诗经》中的作品几乎可以看作是一种集体的创作，一种集体意识的呈现，很少有体现个体诗人情感的作品，即是说其中的作品多是一个阶层或者大众思想的表现。屈原作品显然不是这种情况，它属于屈原个体的创作，体现出的是屈原一个人的情感和意志，因而屈原被称为我国历史上第一位伟大的诗人。他开创了个体诗人抒情的传统，对后世影响很大。

因为屈原的作品多数是他抒发个人感情的诗歌，所以他必然会采用一种适合抒情的句子来表现自己的情感。正如我们已经介绍过的，他被小人谗害，被不明是非的君王疏远流放，自己一心为国的政治理想因此得不到实现，在这种前提下，屈原选择赋诗明理、发愤抒情。所以要表现的情感多是悲愤的、哀怨的、伤怀的，而这些情感显然适合用一种咏叹的语调来抒发。因而我们才会发现，在《楚辞》中，几乎每一篇都可以看见那个语气词“兮”，而“兮”字似乎也成为《楚辞》的一个标志。

在屈原所有的作品中，自我抒情特征最为明显的篇章是《离骚》和《九章》。而在这些篇章当中使用最多的一种句式是：□□□介词□□兮，□□□介词□□。比如《九章·抽思》篇中：

心郁郁之忧思兮，独永叹乎增伤。
思蹇产之不释兮，曼遭夜之方长。
悲秋风之动容兮，何回极之浮浮！
数惟荪之多怒兮，伤余心之忧忧！
愿摇起而横奔兮，览民尤以自镇。

这种句式的特征是，在每一句当中都有两个介词一个叹词，形成三个节点，叹词“兮”位于中间。这三个节点，就把一个自然句分成四段，四段之中两两相应，伴着节点，自然形成错落有致的咏叹节奏，这种句式非常有利于情感的抒发。与屈原那幽怨深厚的情感相配，自然也成为《楚辞》最为经典的句型。因而在屈原之后，那些模仿楚辞写作的文人，只要是要抒情的，大都采用这种句式。而且在叹词的选择上，永远青睐那个“兮”字。

其时这些都是屈原作品在形式上的一些特征。给人印象最为深刻的，还是作品中所出现的那些带有神性色彩的意象，以及楚地所独有的那些花草意象。诸如：

灵修、重华、望舒、飞廉、雷师、帝阍、丰隆、宓妃、蹇修、灵氛、巫咸。

江离、辟芷、秋兰、宿莽、申椒、菌桂、蕙、茝、白薠、蘋。

悬圃、灵琐、羲和、崦嵫、咸池、扶桑、若木、白水、阆风、春宫、琼枝、洧盘、九嶷、昆仑、天津、西极、天门。

长剑、玉珥、瑶席、玉瑱、琼芳、蕙肴、

兰藉、桂酒、椒浆、桂舟、薜荔、蕙绸、荪桡、兰旌、桂櫂、兰枻、芙蓉、杜若、荷盖、荪壁、紫坛、芳椒、桂栋、兰橑、辛夷楣、药房。

除此之外还有《招魂》一篇，其中屈原所描述的东南西北四方，以及天上、地域那些只可观而不可即的超现实环境，都是我们根本无法触及的。诸如东方的长人千仞、十日代出；南方的雕题黑齿、封狐千里；西方的赤蚁若象、玄蜂若壶；北方的增冰峨峨、飞雪千里；天上的虎豹九关、一夫九首；地域的土伯九约，甘人无数。我们可以想象一下，由这些事物组成的世界会是一个怎样的世界。除了屈原之外，这些意象在其他的诗文作品中都是很少出现的，因此从艺术上来说，这也构成了《楚辞》最独特、最壮丽的一面。

屈原在作品中大量涉及神话色彩、巫术色彩意象，是将巫术、神话艺术化，服务于自己的写作，这样的文学艺术带有自己的情感寄托，而不是像沅湘间的居民那样出于真正的信仰。屈原在楚国遭小人暗算，被君王疏远流放，在现实中他真的已经无力再改变现状，而当一些事情超出自己力所能及的范围时，往往会求助于神灵。即使他知道神灵确实也不能够帮助什么，或许要的就是那样一种精神的寄托与安慰。

但不论怎样，屈原将巫事、神话艺术化后写进自己的作品中，确实使《楚辞》呈现出了别样的艺术风貌。如《离骚》中所呈现出的那个能驾着飞龙上天、入地的主人公形象。他一会儿在东方，一会儿又飞到西极；一会儿是当下的，一会儿又能见到远古时代的重华。《九歌》中更是出现了各色各样的神灵，他们飘忽不定，一会儿天上，一会儿人间，一会儿云端，一会儿水涯。这样的描写，大大拓展了《楚辞》的艺术空间，而且显得飘逸、绮丽。而屈原将自己的情感放在这样的艺术架构中来表现，可谓独特、深刻。而当纯洁、高尚的情感志向与神幻、绮丽的艺术相结合，当悲愁幽怨之情感映射于神灵身上来表现，又怎能不使屈原之辞生出壮美之彩呢？

附录
延伸阅读篇目

1. 司马迁：《屈原贾生列传》，《史记》卷八十四，北京：中华书局，2014 年版。

2. 褚斌杰：《诗经与楚辞》，北京：北京大学出版社，2012 年版。

3. 张庆利：《楚辞诵读本》，北京：中华书局，2014 年版。